# De Hel

Dr. Jaerock Lee

1

2

**1** Het druppelend bloed van de menigte van ongeredde zielen, die op afschuwelijke wijze worden gemarteld, vormt een reusachtige stromende rivier.

**2** Afschuwelijke, lelijke boodschappers van de hel, hebben de gezichten die gelijken op die van mensen of verschillende lelijke en onreine dieren.

**3** Aan de oevers van de rivier van bloed worden vele kinderen, vanaf de leeftijd van 6 jaar tot de jaren net voor de puberteit gemarteld. Overeenkomstig de ernst van hun zonden, worden hun lichaam diep in de modder begraven en dichter bij de rivier van bloed.

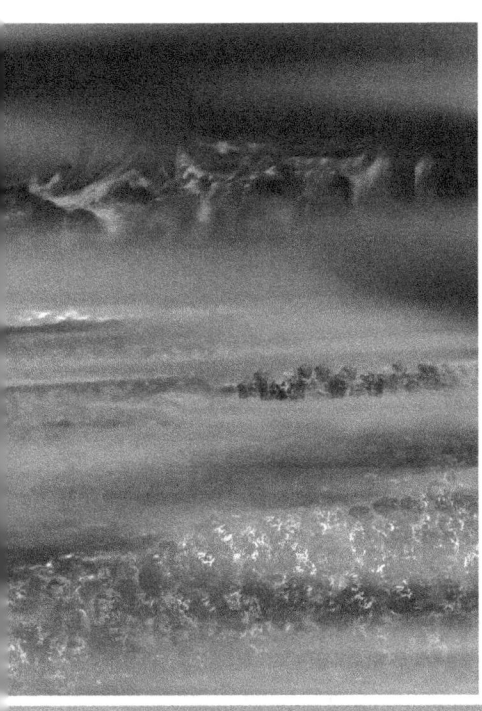

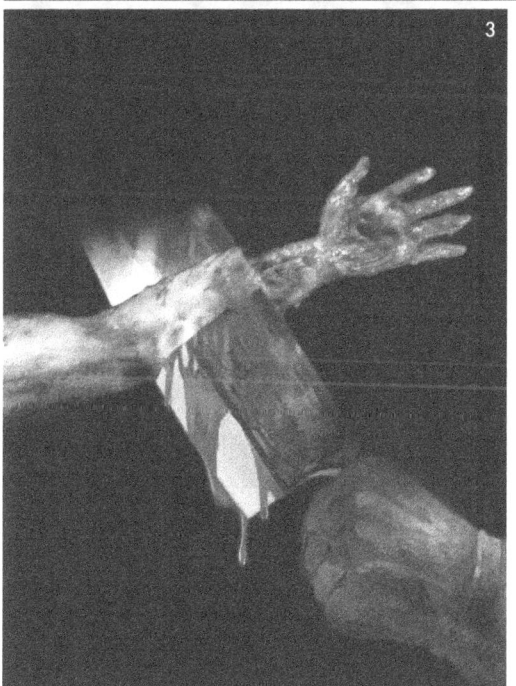

**1** Een met stank gevuld bad van afvalwater is gevuld met talloze griezelige insecten en deze insecten knabbelen aan de lichamen van de zielen die opgesloten zijn in het bad. De insecten doorboren hun lichamen en buiken.

**2,3** Van een kleine dolk tot een bijl, bereidt een afschuwelijk lelijk varken-vormige boodschapper van de hel een breed scala aan instrumenten voor marteling voor. De boodschapper van de hel snijdt het lichaam van de ziel, die aan een boom is vastgebonden in schijfjes.

Een kokende, gloeiende pot gevuld met een vreselijke stank en stevig kokende vloeistof. De veroordeelde zielen, die man en vrouw waren, worden één voor één in de pot ondergedompeld. Terwijl een ziel in marteling is, smeekt de andere dat de echtgenoot/echtgenote langer gestraft wordt.

Met hun monden wijdt open en tonende hun scherpe tanden, achtervolgen talloze kleine insecten de zielen die op de steile rotswand klimmen. De doodsbange zielen worden voortdurend bedekt met de insecten en vallen neer op de grond.

Talloze gruwelijke zwarte hoofden bijten degenen die hen volgden, die fel opstonden tegen God, over het hele lichaam met hun scherpe tanden. De marteling is nog erger dan het geknabbel van insecten of het uit elkaar gescheurd worden door beesten.

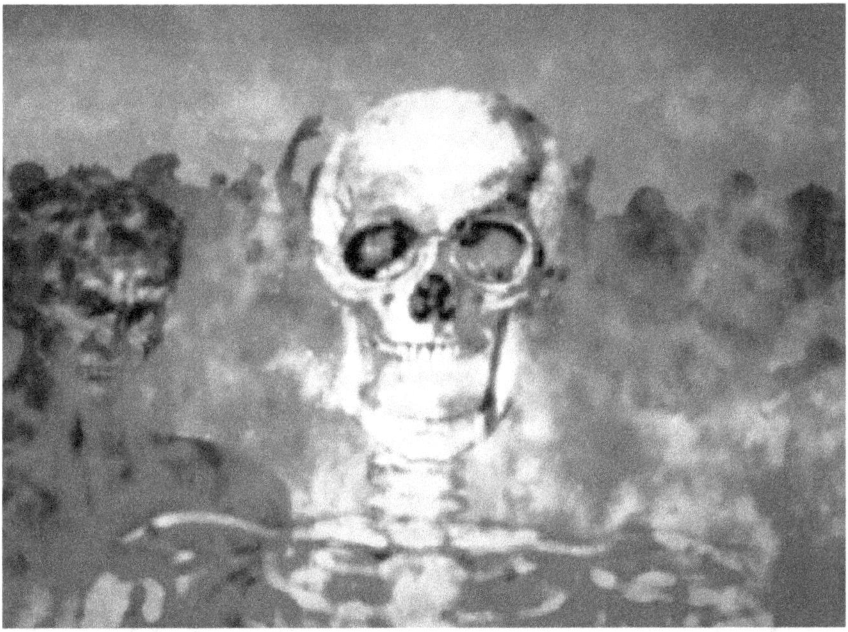

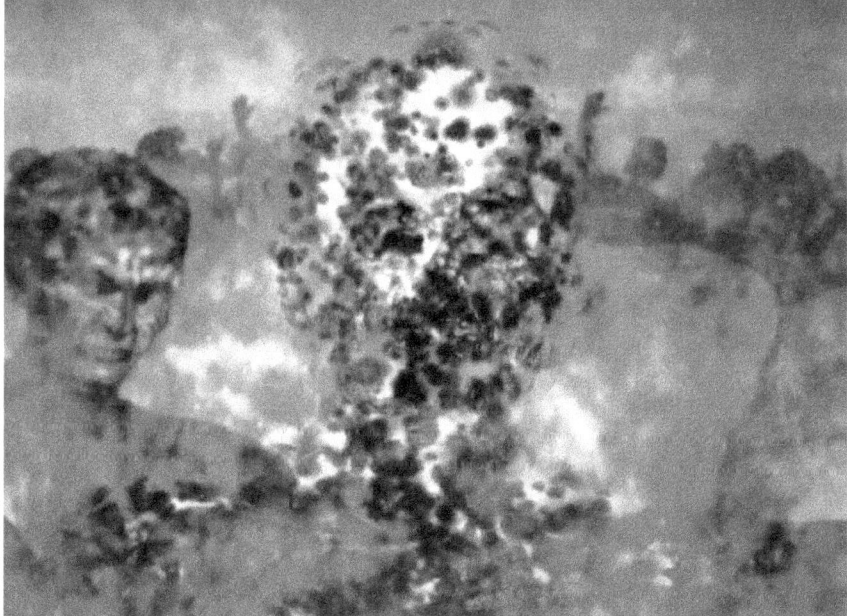

De zielen die in de poel van vuur zijn geworpen springen in pijn en schreeuwen zo hard. Hun ogen worden gruwelijk bloeddoorlopend, en hun hersenen barsten, en vloeistof stroomt eruit.

Veronderstel dat iemand vloeistof moet drinken van gesmolten ijzer in een hoogoven, zijn ingewanden zullen verbranden. De zielen die in de poel van brandend zwavel worden geworpen, kunnen niet kreunen of denken, maar worden alleen maar onderdrukt door pijn.

"Het geschiedde, dat de arme stierf
en door de engelen gedragen werd in Abrahams schoot.
Ook de rijke stierf en hij werd begraven.
En toen hij in het dodenrijk zijn ogen opsloeg onder de pijnigingen,
zag hij Abraham van verre en Lazarus in zijn schoot.
En hij riep en zeide: 'Vader Abraham,
heb medelijden met mij en zend Lazarus,
opdat hij de top van zijn vinger in water dope en mijn tong verkoele,
want ik lijd pijn in deze vlam'. Maar Abraham zeide:
'Kind, herinner u, hoe gij het goede tijdens uw leven hebt ontvangen
en insgelijks Lazarus het kwade;
nu wordt hij hier vertroost en gij lijdt pijn. En bij dit alles,
er is tussen ons en u een onoverkomelijke kloof, opdat zij,
die vanhier tot u zouden willen gaan, dit niet zouden kunnen,
en zij vandaar niet aan onze kant zouden kunnen komen.'
Doch hij zeide: 'Dan vraag ik u, vader, dat gij hem naar het huis
van mijn vader zendt, want ik heb vijf broeders.
Laat hij hen dan ernstig waarschuwen,
dat ook zij niet in deze plaats der pijniging komen.'
Maar Abraham zeide: 'Zij hebben Mozes en de profeten,
naar hen moeten zij luisteren.' Doch hij zeide:
'Neen, vader Abraham, maar indien iemand
van de doden tot hen komt, zullen zij zich bekeren.'
Doch hij zeide tot hem:
'Indien zij naar Mozes en de profeten niet luisteren, zullen zij ook,
indien iemand uit de doden opstaat, zich niet laten gezeggen.'"

Lucas 16:22-31

# De Hel

*[In de hel] waar hun worm niet sterft
en het vuur niet wordt uitgeblust.
Want een ieder zal met vuur gezouten worden.*
(Marcus 9:48-49)

# De Hel

Dr. Jaerock Lee

**De Hel** door Dr. Jaerock Lee
Gepubliceerd door Urim Books (Vertegenwoordiger: Kyungtae Noh)
73, Yeouidaebang-ro 22-gil, Dongjak-gu, Seoul, Korea
www.urimbooks.com

Alle rechten voorbehouden. Dit boek of delen van dit boek mogen in geen enkele vorm gekopieerd worden, in een terughaal systeem opgeslagen worden, of geleid worden in enige vorm of met enige betekenis, elektronisch, mechanisch, gekopieerd, opgenomen worden of iets dergelijks, zonder de toegestane schriftelijke goedkeuring van de uitgever.

Tenzij anders vermeld zijn alle Schriftgedeeltes genomen van de Heilige Bijbel, NBG vertaling 1951, ®, Copyright © 1960, 1962, 1963, 1968, 1971, 1972, 1973, 1975, 1977, 1995 door de Lockman Foundation. Gebruikt met toestemming.

Copyright © 2016 door Dr. Jaerock Lee
ISBN: 979-11-263-0071-6   03230
Vertaling Copyright © 2010 door Dr. Esther K. Chung Gebruikt met toestemming.

Voorheen gepubliceerd in het Koreaans door Urim Books in 2002

*Eerst uitgave maart 2016*

Bewerkt door Dr. Geumsun Vin
Ontworpen door de uitgeverij van Urim Books
Gedrukt door Prione Printing
Voor meer informatie, neem contact op met: urimbook@hotmail.com

## Voorwoord

Hopende dat dit boek zal dienen tot brood des levens dat talloze zielen zal leiden naar de mooie hemel door hen toe te staan om de liefde van God te begrijpen, Die wil dat alle mensen redding ontvangen...

Vandaag de dag, wanneer mensen over de hemel of de hel horen, antwoorden de meesten negatief, zeggende, "Hoe kan ik nu in zulke dingen geloven in deze eeuw van wetenschappelijke ontwikkeling?" "Ben jij ooit naar de hemel en de hel geweest?" of "Je weet enkel deze dingen wanneer je sterft."

Je moet van te voren weten dat er leven is na de dood. Het is te laat wanneer je je laatste adem uitblaast. Na de laatste adem in deze wereld, zal je nooit meer een andere kans krijgen om je leven opnieuw te leven. Enkel Gods oordeel, waardoor je zal oogsten datgene wat je in deze wereld gezaaid hebt, wacht op jou.

Door de Bijbel, heeft God ons reeds de weg tot redding

geopenbaard, het bestaan van de hemel en de hel, en het Oordeel wat plaats zal vinden in overeenstemming met Gods woord. Hij verrichtte wonderlijke werken van Zijn kracht door veel Oudtestamentische profeten en Jezus.

Zelfs vandaag, laat God ons zien dat Hij leeft en dat de Bijbel waar is door het tonen van wonderen en tekenen en andere wonderlijke werken van Zijn kracht die opgeschreven staan in de Bijbel door Zijn meest loyale en getrouwe dienstknechten. Ondanks het overvloedige bewijs van Zijn werken, zijn er echter ongelovigen. Dus, God heeft Zijn kinderen de hemel en de hel laten zien, en heeft hen bemoedigd om te getuigen van datgene wat ze gezien hebben, over de hele wereld.

De God van liefde heeft mij ook de hemel en de hel geopenbaard tot in detail en mij aangespoord om de boodschap te verkondigen over de aarde, terwijl de Wederkomst van Christus zeer nabij is.

Terwijl ik deze boodschap bracht over de verschrikkelijke en weerzinwekkende taferelen in het Onder Graf wat behoort tot de Hel, zag ik mijn gemeente beven in wanhoop en uitbarsten in tranen voor de zielen die in de hel gevallen waren, in de vreselijke en wrede straffen van het Onder Graf.

Ongeredde zielen blijven in het Onder Graf enkel totdat het Oordeel van de Grote Witte Troon plaatsvindt. Na het oordeel, zullen deze ongeredde zielen of in de poel des vuurs vallen of in de poel van brandend zwavel. De straffen in de poel des vuurs of de poel van brandend zwavel zijn veel ruwer dan de straffen in het Onder Graf.

*Voorwoord*

Ik schrijf wat God mij geopenbaard heeft door de werken van de Heilige Geest, gebaseerd op het woord van God in de Bijbel. Dit boek kan een boodschap van oprechtte liefde van onze God, de Vader genoemd worden die zoveel mogelijk mensen wil redden van de zonde, door hen van te voren te laten weten van de nooit-eindigende ellende van de hel.

God heeft Zijn eigen Zoon gegeven om te sterven aan het kruis om alle mensen te redden. Hij wil ook voorkomen dat er zelfs maar een ziel in de ellendige hel valt. God beschouwt één ziel veel waardevoller dan de gehele wereld en Hij is dus buitengewoon verheugt en behaagt en viert met de hemelse menigten en engelen feest, wanneer iemand gered wordt door geloof.

Ik geef alle glorie en dank aan God, die mij ertoe geleid heeft om dit boek uit te geven. Ik hoop dat je Gods hart zal begrijpen, die niet wil dat er ook maar één ziel verloren gaat in de hel, en dat je het oprechtte geloof zal verkrijgen. Bovendien, wil ik je aanmoedigen om het evangelie ijverig te verkondigen aan al die zielen die op weg zijn naar de hel.

Ik wil ook Urim Books en zijn staf danken, inclusief Geumsun Vin, de Directeur van het redactionele kantoor. Ik hoop dat alle lezers het feit zullen beseffen dat er inderdaad leven na de dood is en het Oordeel, en volmaakte redding zullen ontvangen.

*Jaerock Lee*

# Inleiding

Ik bid dat talloze zielen de ellende van de hel mogen begrijpen, zich bekeren, omkeren van de weg van de dood, en gered worden...

De Heilige Geest inspireerde Reverend Dr. Jaerock Lee, de Senior voorganger van de Manmin Joong-ang kerk om te leren over het leven na de dood, en de ellendige hel. We hebben zijn boodschappen samengebundeld en geven vandaag *De Hel* uit, zodat talloze zielen met duidelijkheid en nauwkeurigheid over de hel zullen weten. Ik geef alle dank en glorie aan God.

Vele mensen zijn vandaag de dag, nieuwsgierig naar het leven na de dood, maar het is onmogelijk voor ons om alle antwoorden te verkrijgen met onze beperkte mogelijkheden. Dit boek is een levendig en begrijpelijk verslag over de hel, welke gedeeltelijk geopenbaard is aan ons door de Bijbel. De Hel bestaat uit negen hoofdstukken.

*Inleiding*

Hoofdstuk 1 "Zijn de hemel en de hel er echt?" geeft een algemene structuur van de hemel en de hel. Door de gelijkenis van de rijke man en de arme Lazarus in Lucas 16, worden het Boven Graf – waar de geredde zielen van het Oude-Testament wachten – en het Onder graf – waar ongeredde zielen gemarteld worden tot het Grote Oordeel-uitgelegd.

In Hoofdstuk 2 "De weg van redding voor degene die nooit het evangelie gehoord hebben" het oordeel van het geweten wordt hier besproken. Er worden ook vele specifieke gebieden van het oordeel besproken voor vele gevallen: ongeboren foetussen door abortus of misgeboorte, kinderen van geboorte tot en met vijf jaar, en de kinderen vanaf zes tot pre-tiener jaren.

Hoofdstuk 3 "Het onder graf en de identiteit van de boodschappers van de hel" gaat tot in detail in op de wachtkamer in de onderwereld. Mensen, verblijven na hun dood in de wachtkamer van het onder graf, gedurende drie dagen en worden dan naar andere plaatsen gestuurd in het onder graf overeenkomstig de ernst van hun zonden, en worden vreselijk gefolterd daar tot het Oordeel van de Grote Witte Troon. De identiteit van de boze geesten die regeren in het Onder graf wordt ook uitgelegd.

Hoofdstuk 4 "De straffen in het onder graf voor ongeredde kinderen" getuigt dat zelfs onvolwassen kinderen die niet in staat zijn om te vertellen het verschil tussen goed en kwaad, geen redding ontvangen. Verschillende soorten van straffen worden toegediend aan de kinderen en deze zijn onderverdeeld in leeftijdsgroepen: straffen voor foetussen en zuigelingen, peuters, kinderen van drie tot vijf jaar, en kinderen van zes tot twaalf jaar.

Hoofdstuk 5 "De straffen voor de mensen die sterven na hun puberjaren," legt de straffen uit die toegediend zullen worden aan mensen ouder dan pubers. Straffen voor iedereen die ongeveer dertien jaar zijn worden onderverdeeld in vier niveaus in overeenstemming met de ernst van hun zonden. Des te ernstiger de zonden van de mensen zijn, des te meer straffen ze zullen ontvangen.

Hoofdstuk 6 "De straffen voor het lasteren van de Heilige Geest" herinnert de lezers dat er geschreven staat in de Bijbel, dat er bepaalde zonden onvergeeflijk zijn en waarvan je je niet kan bekeren. Het hoofdstuk beschrijft ook de verschillende soorten straffen door gedetailleerde voorbeelden.

Hoofdstuk 7 "Redding tijdens de grote verdrukking" waarschuwt ons dat we leven in het einde der tijden en dat de wederkomst van de Here nabij is. Dit hoofdstuk beschrijft tot in detail wat er zal gebeuren in de tijd van Christus' wederkomst, en dat de mensen die achterblijven tijdens de verdrukking, enkel redding kunnen ontvangen door martelarenschap. Het spoort je ook aan om jezelf voor te bereiden als een mooie Bruid van de Here Jezus zodat je deel mag nemen aan het zevenjarige bruiloftsmaal, en om te vermijden dat je achterblijft na de Opname.

Hoofdstuk 8 "De straffen in de hel na het grote oordeel," beschrijft het oordeel op het einde van het Duizendjarige-rijk, hoe ongeredde zielen van het Onder graf in de hel worden geworpen, verschillende soorten straffen die toegediend zullen worden op hen, en de bestemming van de boze geesten, alsook hun straffen.

Hoofdstuk 9 "Waarom moest de God van liefde de hel Voorbereiden?" legt Gods overvloedige liefde uit, welke getoond werd door het offer van Zijn enige Zoon. Het laatste hoofdstuk legt tot in detail uit waarom de God van liefde de hel heeft gemaakt.

*De Hel* bemoedigt mensen ook om de liefde van God te begrijpen die alle zielen wil redden en om waakzaam te blijven in je geloof. De hel eindigt met een aanmoediging voor je om zoveel mogelijk mensen te leiden tot de weg van redding.

God is vol van genade en barmhartigheid, en is liefde zelf. Vandaag, met het hart van een vader die wacht op zijn verloren zoon om terug te komen, wacht God ernstig op alle verloren zielen om af te rekenen met de zonden en redding te ontvangen.

Daarom, hoop ik ernstig dat talloze zielen over de hele wereld, zullen begrijpen en beseffen dat deze ellendige hel echt bestaat, en spoedig terugkeren tot God. Ik bid ook in de naam van Jezus Christus dat alle gelovigen in de Here waakzaam en wakker zullen zijn, en zoveel mogelijk mensen naar de hemel zullen leiden.

**Geumsun Vin**
Directeur van het redactionele kantoor

# Inhoudsopgave

Voorwoord

Inleiding

*Hoofdstuk 1 –*

### Zijn de hemel en de hel er echt? • 1

1. De hemel en de hel bestaan zeker
2. De gelijkenis van de rijke man en de arme Lazarus
3. De structuur van de hemel en de hel
4. Het boven graf en het Paradijs
5. Het onder graf, een wachtkamer en de weg naar de hel

*Hoofdstuk 2 –*

### De weg van redding voor degene die nooit het evangelie gehoord hebben • 25

1. Het oordeel van het geweten
2. Ongeboren babies door abortus of misgeboorte
3. Kinderen van geboorte tot vijf jaar
4. Kinderen van zes tot pre-tiener jaren
5. Zijn Adam en Eva gered?
6. Wat is er gebeurt met de eerste moordenaar Kain?

*Hoofdstuk 3 –*

### Het onder graf en de identiteit van de boodschappers van de hel • 59

1. De boodschappers van de hel brengen mensen naar het onder graf
2. Een wachtkamer naar de wereld van de boze geesten
3. De verschillende straffen in het onder graf voor verschillende zonden
4. Lucifer in beheer van het onder graf
5. De identiteit van de boodschappers van de hel

*Hoofdstuk 4 –*

### De straffen in het onder graf voor ongeredde kinderen • 77

1. Foetussen en zuigelingen
2. Peuters
3. Kinderen oud genoeg om te wandelen en te praten
4. Kinderen vanaf zes tot twaalf jaar
5. Jongelingen die spotten met de profeet Elisa

*Hoofdstuk 5 –*

### De straffen voor de mensen die sterven na hun puberjaren • 97

1. Het eerste niveau van straf
2. Het tweede niveau van straf
3. De straf voor farao
4. Het derde niveau van straf
5. De straf voor Pontius Pilatus
6. De straf voor Saul, de eerste koning van Israel
7. Het vierde niveau van straf voor Judas Iskariot

*Hoofdstuk 6 –*

### De straffen voor het lasteren van de Heilige Geest • 145

1. Lijden in een pot met kokende vloeistof
2. Op een loodrechte steile rotswand klimmen
3. Verbrand in de mond door een heet ijzer
4. Ontzagwekkend grote foltermachines
5. Gebonden aan de stam van een boom

*Hoofdstuk 7 –*

### Redding tijdens de grote verdrukking • 177

1. Christus wederkomst en de opname
2. De zeven jaren van grote verdrukking
3. Martelaarschap tijdens de grote verdrukking
4. Christus tweede wederkomst en het duizendjarige rijk
5. Voorbereiden om de mooie bruiden van de Here te zijn

*Hoofdstuk 8 –*

### De straffen in de hel na het grote oordeel • 205

1. Ongeredde zielen vallen in de hel, na het oordeel
2. De poel des vuur en de poel van brandend zwavel
3. Sommigen blijven in het onder graf zelfs na het oordeel
4. Boze geesten worden beperkt in het Abyss
5. Waar zullen de demonen eindigen?

*Hoofdstuk 9 –*

### Waarom moest de God van liefde de hel Voorberciden? • 243

1. Gods geduld en liefde
2. Waarom moest God de hel voorbereiden?
3. God wil dat alle mensen redding ontvangen
4. Verspreidt vrijmoedig het evangelie

## Hoofdstuk 1

## Zijn de hemel en de hel er echt?

1. De hemel en de hel bestaan zeker
2. De gelijkenis van de rijke man en de arme Lazarus
3. De structuur van de hemel en de hel
4. Het boven graf en het Paradijs
5. Het onder graf, een wachtkamer en de weg naar de hel

"Hij antwoordde hun en zeide:
Omdat het u gegeven is de geheimenissen
van het Koninkrijk der hemelen te kennen,
maar hun is dat niet gegeven."
- Mattheüs 13:11 -

"En indien uw oog u tot zonde zou verleiden,
ruk het uit. Het is beter, dat gij met één oog het
Koninkrijk Gods binnengaat, dan dat gij met twee
ogen in de hel geworpen wordt."
- Marcus 9:47 -

De meeste mensen om ons heen zijn bang voor de dood en leven in angst en bezorgdheid om hun leven te verliezen. Desondanks, zoeken ze God niet, omdat ze niet geloven in leven na de dood. Bovendien, vele mensen die hun geloof in Christus belijden, lijken ook te falen om te leven in geloof. Mede door dwaasheid, twijfelen mensen en geloven niet in het leven na de dood, ondanks dat God het reeds geopenbaard heeft aan ons in de Bijbel: het leven na de dood, de hemel en de hel.

Het leven na de dood is een onzichtbare geestelijke wereld. Dus, mensen kunnen het niet grijpen, tenzij God hen toestaat om het te kennen. Zoals herhaaldelijk geschreven staat in de Bijbel, bestaan de hemel en de hel zeker. Dat is de reden waarom God de hemel en de hel aan zovele mensen laat zien, over de wereld en hen het laat verkondigen tot het uiterste der aarde.

"De hemel en de hel bestaan zeker."

"De hemel is een mooie en fascinerende plaats, terwijl de hel een sombere en akelige plaats is, die onze verbeelding te boven gaat. Ik spoor je ernstig aan om te geloven in het bestaan van het leven na de dood."

"Het is aan jou of je naar de hemel of de hel gaat. Om niet in de hel te vallen, zou je je onmiddellijk moeten bekeren van al je zonden en Jezus Christus moeten aannemen."

"De hel bestaat zeker. Het is de plaats waar mensen lijden door het vuur voor eeuwig en eeuwig. Het is ook waar dat de hemel

# De Hel

bestaat. De hemel kan je permanente verblijfplaats worden."

De God van liefde heeft mij over de hemel uitleg gegeven sinds Mei 1984. Hij heeft mij ook uitleg gegeven tot in detail over de hel sinds Maart 2000. Hij vroeg mij om datgene wat ik geleerd had over de hemel en de hel, te verspreiden over de gehele wereld, zodat niet een gestraft zou worden in de poel des vuurs of in de poel van brandend zwavel.

God liet mij één keer een ziel zien die leed en klaagde met berouw in het Onder graf, waar allen die voor de hel bestemd zijn wachten in angst. De ziel had geweigerd om de Here aan te nemen ondanks de vele gelegenheden die hij kreeg om het evangelie te horen en viel uiteindelijk in de hel na de dood. Het volgende is zijn belijdenis:

Ik tel de dagen.
Ik tel, tel, en tel maar ze zijn eindeloos.
Ik had moeten proberen om Jezus Christus aan te nemen
Toen ze mij over Hem vertelden.
Wat zal ik nu doen?

Het is absoluut zinloos als ik nu berouw heb.
Ik weet niet wat ik nu moet doen.
Ik wil wegvluchten van dit lijden
Maar ik weet niet wat te doen.

Ik tel een dag, twee dagen, en drie dagen.

Maar zelfs wanneer ik de dagen op deze wijze tel,
Weet ik dat het zinloos is.
Mijn hart scheurt in tweeën.
Wat zal ik doen? Wat zal ik doen?
Hoe kan ik vrij zijn van deze grote pijn?
Wat zal ik doen, o, mijn arme ziel?
Hoe kan ik dit verdragen?

## 1. De hemel en de hel bestaan zeker

Hebreeën 9:27 schrijft dat *"Eens moeten mensen sterven en daarna volgt het oordeel."* Alle mannen en vrouwen zijn bestemd om te sterven en nadat ze hun laatste adem hebben gegeven, gaan ze of de hemel of de hel binnen, na het oordeel.

God wil dat iedereen de hemel binnengaat, omdat Hij liefde is. God heeft Jezus Christus voorbereid voor het begin der tijden en opende de deur tot redding voor de mensheid, toen de tijd er rijp voor was. God wil niet dat er ook maar een ziel in de hel valt.

Romeinen 5:7-8 verklaart dat *"Er is bijna niemand die voor een rechtvaardig mens wil sterven; slechts een enkeling durft voor een goed mens zijn leven te geven. Maar God bewees ons zijn liefde doordat Christus voor ons gestorven is toen wij nog zondaars waren."* God demonstreerde inderdaad Zijn liefde voor ons, door Zijn enige Zoon te geven, zonder Hem te sparen.

De deur van redding is wijd open, zodat iedereen Jezus Christus kan aannemen als zijn of haar persoonlijke Redder,

De Hel

gered kan worden en de hemel kan binnengaan. De meeste mensen echter, hebben geen interesse in de hemel en de hel, ondanks dat ze erover horen. Bovendien, vervolgen sommigen van hen de mensen die het evangelie verkondigen.

Het droevigste feit is dat de mensen die beweren in God te geloven nog steeds van de wereld houden en zonden doen, omdat ze eigenlijk geen hoop voor de hemel hebben en geen angst voor de hel hebben.

**Door de getuigenissen van getuigen en de Bijbel**

De hemel en de hel zijn in de geestelijke wereld, die echt bestaan. De Bijbel vermeld vele keren over het bestaan van de hemel en de hel. Degene die naar de hemel of de hel geweest zijn, zijn er ook getuige van. Bijvoorbeeld, in de Bijbel, vertelt God ons hoe ellendig de hel is zodat we een eeuwig leven mogen verkrijgen in de hemel in plaats van in de hel te vallen na de dood.

*"En indien uw hand u tot zonde verleidt, houw haar af. Het is beter, dat gij verminkt ten leven ingaat, dan dat gij met uw twee handen ter helle vaart, in het onuitblusbare vuur, [waar hun worm niet sterft en het vuur niet wordt uitgeblust.] En indien uw voet u tot zonde zou verleiden, houw hem af. Het is beter, dat gij kreupel ten leven ingaat, dan dat gij met uw twee voeten in de hel geworpen wordt, [waar hun worm niet sterft en het vuur niet wordt uitgeblust]. En indien uw oog u tot zonde zou verleiden, ruk het*

*Zijn de hemel en de hel er echt?*

*uit. Het is beter, dat gij met één oog het Koninkrijk Gods binnengaat, dan dat gij met twee ogen in de hel geworpen wordt, waar hun worm niet sterft en het vuur niet wordt uitgeblust. Want een ieder zal met vuur gezouten worden"* (Marcus 9:43-49).

Degene die naar de hel geweest zijn, zijn getuigen van hetzelfde wat er in de Bijbel staat. In de hel, "sterft hun worm niet en het vuur wordt niet uitgeblust. Want een ieder zal met vuur gezouten worden."

Het is zo helder als Kristal dat er een hemel en een hel zijn na de dood, zoals geschreven staat in de Bijbel. Daarom, ga je de hemel binnen wanneer je leeft overeenkomstig Gods woord, gelooft in het bestaan van de hemel en de hel in je denken.

Je zou niet moeten klagen met berouw zoals de ziel die hierboven vermeld staat, lijdt zonder einde in het graf, omdat hij geweigerd heeft de Here aan te nemen ondanks de vele gelegenheden die hij kreeg om het evangelie te horen.

In Johannes 14:11-12, vertelt Jezus ons, *"Gelooft Mij, dat Ik in de Vader ben en de Vader in Mij is: of anders, gelooft om de werken zelf. Voorwaar, voorwaar, Ik zeg u, wie in Mij gelooft, de werken, die Ik doe, zal hij ook doen, en grotere nog dan deze, want Ik ga tot de Vader."*

Je kunt ook een bepaald persoon herkennen als zijnde een man van God, met krachtige werken, die bovennatuurlijk zijn, en je kan ook bevestigen dat zijn boodschappen in overeenstemming zijn met het echt woord van God.

Ik verspreid Jezus Christus, verricht werken van de kracht

## De Hel

van de levende God, terwijl ik campagnes over de hele wereld houdt. Wanneer ik bid in de naam van Jezus Christus geloven talloze mensen en ontvangen genezing, vanwege de wonderlijke werken van kracht die plaats vinden: de blinden gaan zien, de stomme spreken, de lammem staan op, en de stervenden worden opgewekt, enzovoort.

Op deze wijze, heeft God Zijn krachtige werken laten zien door mij heen. Hij heeft mij ook de hemel en de hel tot in detail uitgelegd, en mij toegestaan om deze over de hele wereld te verkondigen, zodat zoveel mogelijk zielen gered mogen worden.

Vandaag de dag, zijn vele mensen nieuwsgierig over het leven na de dood – de geestelijke wereld – maar het is onmogelijk om de geestelijke wereld duidelijk te kennen, alleen door de menselijke inspanningen. Je kan het gedeeltelijk bestuderen door de Bijbel. Je kan het echter alleen duidelijk begrijpen wanneer God het je uitlegt, terwijl je volledig geïnspireerd wordt door de Heilige Geest, die alle dingen doorzoekt, zelfs de diepste dingen over God (1 Korintiërs 2:10).

Ik hoop dat je mijn beschrijving over de hel, die gebaseerd zijn op de verzen van de Bijbel, volledig zal geloven, omdat God Zelf het aan mij heeft geopenbaard, terwijl ik volledig geïnspireerd werd door de Heilige Geest.

### Waarom moeten we het oordeel van God en de straffen van de hel verkondigen

Wanneer ik een boodschap breng over de hel, zullen degene

die geloof hebben gevuld worden met de Heilige Geest en naar deze boodschappen luisteren zonder enige angst. Daar zijn echter ook degene die verstard worden van angst, spanning en hun normale bevestigende antwoorden zoals "Amen" of "Ja", nemen geleidelijk aan af tijdens de prediking. Op zijn ergst, stoppen de mensen met een zwak geloof met het deelnemen aan de aanbiddingdiensten of verlaten zelfs de kerk uit angst, in plaats van hun geloof opnieuw te bevestigen in de hoop om de hemel binnen te gaan.

Desondanks, moet ik de hel uitleggen, omdat ik het hart van God ken. God is zo bezorgd dat mensen naar de hel lopen, nog in de duisternis leven, en comprimeren op de wereldse wijze van leven, ondanks dat ze hun geloof in Jezus Christus belijden.

Daarom, ga ik de hel tot in detail uitleggen, zodat de kinderen van God in het licht mogen verblijven, verlatend de duisternis. God wil dat Zijn kinderen zich bekeren en de hemel binnen zullen gaan ondanks dat ze ook in angst zijn en zich onaangenaam voelen, wanneer ze over Gods oordeel horen en de straf in de hel.

## 2. De gelijkenis van de rijke man en de arme Lazarus

In Lucas 16:19-31, gingen zowel de rijke man als de arme Lazarus in het dodenrijk na de dood. De situaties en de toestand van de plaatsen waar ze verblijven zijn zo totaal verschillend.

# De Hel

De rijke man was in grote foltering met vuur terwijl Lazarus in Abrahams zijde, op grote afstand was, aan de andere kant van de kloof. Waarom?

In het Oude-Testament, werd Gods oordeel uitgedragen overeenkomstig de Wet van Mozes. Aan de ene kant, ontving de rijke man de straf van vuur, omdat hij niet in God had gelooft, ondanks dat hij in grote luxe leefde in deze wereld. Aan de andere kant, kon de arme Lazarus genieten van de eeuwige rust, omdat hij in God had gelooft, ondanks dat hij onder de zweren zat, en er naar verlangde om te eten wat er van de tafel van de rijke man viel.

## Het leven na de dood wordt bepaald door het oordeel van God

In het Oude Testament, zien we onze voorvaders van het geloof, inclusief Jacob en Job, zeggende dat ze in het dodenrijk zouden neerdalen nadat ze gestorven waren (Genesis 37:35; Job 7:9). Korach en al zijn mannen die opstonden tegen Mozes, gingen levend het dodenrijk in, door de woede van God (Numeri 16:33).

Het Oude Testament vermeld ook "Sheol." Het dodenrijk is het Engelse woord voor zowel "Sheol" als voor "Hades." En het Dodenrijk kan onderverdeeld worden in twee delen: het boven graf, welke tot de hemel behoord en het Onder graf welke tot de hel behoord.

Dus we weten dat de voorvaders van het geloof zoals Jacob en Job en de arme Lazarus naar het Boven graf gingen, welke tot de hemel behoort, terwijl Korach en de rijke man naar het onder graf gingen, welke tot de hel behoort.

Evenzo, is er zeker een leven na de dood en alle mannen en vrouwen zijn bestemd om naar de hemel of de hel te gaan overeenkomstig het Oordeel van God. Ik spoor je sterk aan om in God te geloven zodat je gered mag worden van de hel.

## 3. De structuur van de hemel en de hel

De Bijbel gebruikt verschillende namen in het vermelden van de hemel of de hel. In feite, kan je herkennen dat de hemel en de hel niet dezelfde plaats zijn.

Met andere woorden, wordt de hemel verwezen naar het "Boven graf," het "Paradijs," of "Het Nieuwe Jeruzalem." Dat komt omdat de hemel, de woonplaats van een geredde ziel, onderverdeeld en geordend is in vele verschillende plaatsen.

Zoals ik al eerder heb uitgelegd in mijn boodschappen *"De Mate van Geloof"* en *"De Hemel I & II,"* kan je dichter bij Gods troon leven in het Nieuwe Jeruzalem naar de mate dat jij het verloren beeld van God, de Vader hebt hersteld. In het andere geval, mag je het Derde Koninkrijk van de hemel, het Tweede Koninkrijk van de hemel, of het Eerste Koninkrijk van de Hemel binnengaan overeenkomstig de mate van je geloof. Degene die ternauwernood gered zijn mogen het Paradijs binnengaan.

De verblijfplaats voor de ongeredde zielen of boze geesten wordt ook vermeld als de "poel des vuurs," "De poel van brandend zwavel," of de "Abyss (de bodemloze put)." Net

# De Hel

zoals de hemel in vele plaatsen is onderverdeeld, is ook de hel onderverdeeld in vele plaatsen omdat iedere ziel in een andere plaats verblijft overeenkomstig de mate van zijn boze daden hier in deze wereld.

## De structuur van de hemel en de hel

Veronderstel de vorm van een diamant (◇) om de structuur van de hemel en de hel beter te begrijpen. Wanneer de vorm in tweeën wordt gesneden, is er een driehoek (△) en een omgekeerde driehoek (▽). Veronderstel dat de driehoek de hemel vertegenwoordigd en de omgekeerde driehoek de hel vertegenwoordigd.

Het hoogste deel van de driehoek komt overeen met het Nieuwe Jeruzalem terwijl het laagste deel overeenkomt met het Boven graf. Met andere woorden, boven het boven graf zijn het Paradijs, het Eerste Koninkrijk van de hemel, het Tweede Koninkrijk, het derde Koninkrijk en het Nieuwe Jeruzalem. Je zou echter niet moeten denken aan verschillende Koninkrijken, zoals eerste, tweede, of derde verdiepingen van een gebouw van deze wereld.

*Zijn de hemel en de hel er echt?*

In de geestelijke wereld, is het onmogelijk om een lijn te tekenen om het land te scheiden, zoals we dat hier op aarde doen, ook om de vorm weer te geven. Ik leg het alleen maar uit op deze wijze, zodat mensen van het vlees nog duidelijker de hemel en de hel mogen begrijpen.

De bovenste driehoek, het toppunt, komt overeen met het Nieuwe Jeruzalem, terwijl het onderste deel ervan overeenkomt met het Boven graf. Met andere woorden, des te hoger je gaat in de driehoek, des te beter het Koninkrijk van de hemel je daar zal vinden.

In de andere tekening, de omgekeerde driehoek, correspondeert het hoogste en breedste deel met het Onder graf. Des te dichter je bij de bodem komt, des te dieper is het deel van de hel dat je bereikt; Het Onder graf, de poel des vuurs, de poel van zwavel en de Abyss. De Abyss wordt vermeld in het boek van Lucas en Openbaringen, en verwijst naar het diepste deel van de hel.

In de bovenste driehoek, worden de gebieden kleiner naar mate je van de bodem naar de top gaat – van het Paradijs naar het Nieuwe Jeruzalem. Deze vorm laat je zien dat het aantal mensen die het Nieuwe Jeruzalem binnengaan, aanzienlijk minder zijn dan het aantal mensen die het Paradijs, het eerste of Tweede Koninkrijk van de hemel binnengaan. Dat komt omdat alleen degene die heiligheid en perfectie bereikt hebben door hun harten te heiligen, het hart van God, de Vader volgen, het Nieuwe Jeruzalem binnen mogen gaan.

Zoals je kan zien, in de omgekeerde driehoek, komen er

# De Hel

aanzienlijk minder mensen in het diepste deel van de hel, omdat alleen zij die gebrandmerkt zijn in hun geweten en het ergste kwaad hebben bedreven, in die plaats geworpen worden. Een groot aantal mensen, die relatief kleine zonde deden, gaan naar het bovenste, bredere deel van de hel.

Dus, de hemel en de hel kan je voorstellen als de vorm van een diamant. Je mag daaruit echter niet besluiten dat de hemel, de vorm van een driehoek heeft of de hel de vorm van een omgekeerde driehoek.

### Een grote kloof tussen de hemel en de hel

Er is een grote kloof tussen de bovenste driehoek – de hemel – en de omgekeerde driehoek – de hel. De hemel en de hel zijn niet aangrenzend aan elkaar, maar zijn ver uit elkaar gelegen.

God heeft een duidelijke grens gemaakt zodat de zielen in de hemel en de hel niet zouden kunnen gaan reizen tussen de hemel en de hel. Enkel in hele bijzondere gevallen zal God het toestaan, om iemand te zien en te spreken zoals de rijke man en Abraham dat deden.

Tussen deze twee symmetrische driehoeken, is er een grote kloof. Mensen kunnen niet komen en gaan van de hemel naar de hel, en vice versa. Desondanks, wanneer God het toestaat, kunnen mensen in de hemel en de hel, zien, horen en spreken met elkaar in de geest, ongeacht de afstand.

Misschien kan je dit gemakkelijk begrijpen, als je je herinnert hoe je kan praten via de telefoon of zelfs van aangezicht tot aangezicht via een scherm en satellieten met iemand aan de andere kant van de wereld, mede door de snelle vooruitgang en ontwikkelingen van wetenschap en technologie.

Ondanks dat er een grote kloof is tussen de hemel en de hel, kon de rijke man de arme Lazarus zien rusten aan Abrahams zijde en spreken tot Abraham in de geest door Gods toestemming.

## 4. Het boven graf en het Paradijs

Om nauwkeurig te zijn, het Boven Graf behoort niet tot de hemel, maar kan beschouwd worden als zijnde een deel van de hemel, terwijl het onder graf een deel van de hel is. De rol van het Boven Graf van het Oude naar het Nieuwe Testament is veranderd.

### Het boven graf tijdens de Oud-Testamentische tijden

Tijdens Oud-Testamentische tijden, wachtten de geredde zielen in het Boven graf. Abraham, de voorvader van het geloof, nam het Boven graf voor zich en dat is de reden waarom de Bijbel vermeldt dat Lazarus in Abrahams schoot zat.

Sinds de opstanding en hemelvaart van de Here Jezus Christus echter, zijn de geredde zielen niet meer in Abrahams schoot, maar worden overgebracht naar het Paradijs en zijn aan de zijde van de Here. Dat is de reden waarom Jezus in Lucas 23:43, zei, *"Voorwaar, Ik zeg u, heden zult gij met Mij in het paradijs zijn,"* tot een van de misdadigers die zich bekeerde en

De Hel

Jezus aannam als zijn Redder terwijl Jezus aan het kruis hing.

Ging Jezus onmiddellijk nadat Hij gekruisigd werd naar het Paradijs? 1 Petrus 3:18-19 zegt ons, dat *"Want ook Christus is eenmaal om de zonde gestorven als rechtvaardige voor onrechtvaardigen, opdat Hij u tot God zou brengen: Hij, die gedood is en gepredikt heeft aan de geesten in de gevangenis."* Vanuit dit vers kan je zien dat Jezus het evangelie verkondigd heeft, aan alle zielen die gered zouden worden en wachtten in het Boven Graf. Ik zal dit tot in detail bespreken in hoofdstuk 2.

Jezus, die het evangelie preekte gedurende drie dagen in het boven graf, bracht de zielen die gered zouden worden naar het Paradijs, toen Hij opstond en in de hemel werd opgenomen. Vandaag, bereidt Jezus een plaats voor ons voor, zoals Hij zei, *"Ik ga een plaats bereiden voor u"* (Johannes 14:2).

## Het Paradijs tijdens Nieuw-Testamentische tijden

Geredde zielen zijn niet langer in het Boven Graf nadat Jezus de deur tot redding wijd opende. Ze verblijven aan de buitenkant van het Paradijs, De Wachtkamer tot de hemel totdat de menselijke ontwikkeling eindigt. En dan na het Oordeel van de Grote witte troon, zal ieder zijn eigen plaats in de hemel binnengaan, overeenkomstig de mate van ieders geloof en zal daar voor eeuwig en eeuwig leven.

Alle geredde zielen wachten in het Paradijs sinds de Nieuwtestamentische tijden. Sommige mensen vragen zich misschien af of het wel mogelijk is dat zoveel mensen in het Paradijs leven, omdat er ontelbare mensen geboren zijn sinds

*Zijn de hemel en de hel er echt?*

Adam. "Pastor Lee! Hoe is het mogelijk dat er zovele mensen in het Paradijs leven? Ik ben bang dat het niet groot genoeg zal zijn om alle mensen te laten leven in die ruimte."

Het zonnestelsel waar de aarde toe behoort, is maar een vlekje vergeleken met het melkwegstelsel. Kan jij je voorstellen hoe groot het gehele universum dan is?

Bovendien, is het enorme universum waarin we leven, één van de talloze universums, en de reusachtigheid van het gehele universum gaat al onze voorstellingen te boven. Dus, als het onmogelijk voor je is, om de reusachtigheid van de zichtbare universums te meten, hoe kan je dan de grootheid van de hemel in de geestelijke wereld grijpen?

Het paradijs zelf is een hele grote ruimte die elke voorstelling te boven gaat. Het is een onmetelijke afstand van de dichtste plaats van het Eerste koninkrijk naar de rand van het Paradijs. Kan jij je voorstellen hoe groot het Paradijs zelf is?

### Zielen verkrijgen geestelijke kennis in het Paradijs

Ondanks dat het Paradijs een wachtplaats is en een weg naar de hemel, toch is het geen saaie plaats. Het is zo en kan niet vergeleken worden met het meest onvoorstelbare landschap van deze wereld.

Wachtende zielen verkrijgen geestelijke kennis in het Paradijs van enkele profeten. Ze leren over God en de hemel, de geestelijke wet, en andere noodzakelijke geestelijke kennis. Er is geen grens aan geestelijke kennis. Daar studeren is totaal anders van dat van deze wereld. Het is niet moeilijk of saai. Des te meer ze leren, des te meer genade en vreugde ze ontvangen.

Degene die rein en zachtmoedig van hart zijn kunnen een groot deel van de geestelijke kennis verkrijgen door te communiceren met God, zelfs in deze wereld. Je kan ook vele dingen begrijpen door de inspiratie van de Heilige Geest, wanneer je de dingen ziet met je geestelijke ogen. Je kan de geestelijke kracht van God ervaren, zelfs in deze wereld, omdat je de geestelijke wetten over geloof begrijpt en Gods antwoord op jou gebed is naar de mate dat je jou hart besnijdt.

Hoe gelukzalig en vol behagen ben jij, wanneer je geestelijke dingen kan leren en ervaren in deze wereld? Stel je voor hoe gelukkiger en vreugdevoller je zal zijn, wanneer je diepere geestelijke kennis verkrijgt in het Paradijs, wat tot de hemel behoort.

Waar leven die profeten dan? Leven zij in het Paradijs? Nee. De zielen die voldoen aan de eisen om het Nieuwe Jeruzalem binnen te gaan, wachten niet in het Paradijs, maar in het Nieuwe Jeruzalem, waar zij God helpen met Zijn werken daar.

Abraham zorgde voor het boven graf voordat Jezus gekruisigd werd. Na Jezus' opstanding en opvaring echter, ging Abraham naar het Nieuwe Jeruzalem, omdat hij zijn plicht in het boven graf vervuld had. Waar, waren Mozes en Elia dan terwijl Abraham in het Boven graf was? Zij waren niet in het Paradijs, maar waren al in het Nieuwe Jeruzalem, omdat zij voldeden aan de eisen om het Nieuwe Jeruzalem binnen te gaan (Matteüs 17:1-3).

*Zijn de hemel en de hel er echt?*

## Het boven graf in Nieuw Testamentische tijden

Je hebt misschien wel eens een film gezien waarin de ziel van een mens gelijkt op zijn eigen fysieke lichaam, gescheiden van zijn lichaam na de dood en ze volgen of de engelen van de hemel of de boodschappers van de hel. In feite, wordt een geredde ziel in de hemel geleid door twee engelen met witte kleden, nadat zijn ziel gescheiden wordt van zijn lichaam, op het moment dat hij sterft. Iemand die dit weet of leert zal niet geschokkeerd zijn, ondanks dat zijn ziel gescheiden is van zijn lichaam wanneer hij sterft. Iemand die dit in het geheel niet weet is geschokt om een andere persoon te zien, die precies op hemzelf gelijkt, gescheiden van zijn lichaam.

Een ziel gescheiden van zijn fysieke lichaam zal eerst heel vreemd en akelig aanvoelen. Zijn staat is volledig anders dan daarvoor, omdat het nu enorme veranderingen ervaart, omdat hij geleefd heeft in de Driedimensionale maar nu komt in de vier-dimentionale wereld.

De gescheiden ziel voelt niet het gewicht van het lichaam, en lijkt te zweven omdat het lichaam heel licht aanvoelt. Dat is de reden waarom het enige tijd neemt om de basis dingen te leren wat de aanpassing van de geestelijke wereld betreft. Daarom blijven de zielen die gered zijn in het Nieuwe Testament op proef en passen zich aan, aan de geestelijke wereld in het Boven graf, voordat ze het Paradijs binnengaan.

# 5. Het onder graf, een wachtkamer en de weg naar de hel

Het hoogste deel van de hel is het Onder Graf. Wanneer iemand verder naar beneden gaat in de hel, zijn de poel van vuur, de poel van brandend zwavel en de Abyss, de diepste delen van de hel. De ongeredde zielen vanaf het begin der tijden zijn nog niet de hel, maar nog in het Onder graf.

Vele mensen beweren dat ze in de hel geweest zijn. Ik kan je zeggen dat ze eigenlijk de martelingen zagen van het Onder Graf. Dat komt omdat de ongeredde zielen opgesloten zijn in verschillende delen van het Onder Graf, overeenkomstig de ernst van hun zonden en kwaad, en uiteindelijk zullen ze in de poel van vuur of de poel van brandend zwavel geworpen worden na het Oordeel van de Grote witte Troon.

### Het lijden van de ongeredde zielen in het Onder Graf

In Lucas 16:24, is het lijden van de ongeredde rijke man, in het Onder Graf zeer goed omschreven. In zijn wanhoop, vroeg de rijke man een druppel water zeggende: *"Vader, Abraham, hebt medelijden met mij en zend Lazarus, opdat hij de top van zijn vinger in water dope en mijn tong verkoele, want ik lijdt pijn in deze vlam."*

Hoe kunnen de zielen niet doodsbang zijn en beven in bloedgestolde angst, daar ze constant gemarteld worden te midden van andere mensen die roepen in angst, in het brandende vuur, zonder zelfs maar enige hoop op dood in de hel te hebben,

*Zijn de hemel en de hel er echt?*

waar de worm niet sterft, en het vuur niet wordt gedoofd? Wrede boodschappers van de hel, martelen de zielen in de pikzwarte duisternis, het Onder Graf. De gehele plaats is bedekt met bloed en een verschrikkelijk geur van verdorven lichamen, zodat het heel moeilijk is om er te ademen. De straffen in de hel zijn echter niet te vergelijken met die van het Onder Graf.

Vanaf hoofdstuk 3, zal ik tot in detail enkele voorbeelden bespreken van hoe angstaanjagend het Onder Graf is, en wat voor soort ondragelijke straffen er gegeven worden in de poel van vuur en de poel van brandend zwavel.

**De ongeredde zielen zijn zo berouwvol in het Onder Graf**

In Lucas 16:27-30, geloofde de rijke man niet in het bestaan van de hel, maar hij ontdekte zijn dwaasheid en werd berouwvol in het vuur geworpen na zijn dood. De rijke man smeekte Abraham om Lazarus tot zijn broers te sturen, zodat ze niet in de hel zouden komen.

*"Doch hij zeide: Dan vraag ik u, vader, dat gij hem naar het huis van mijn vader zendt, want ik heb vijf broeders. Laat hij hen dan ernstig waarschuwen, dat ook zij niet in deze plaats der pijniging komen. Maar Abraham zeide: Zij hebben Mozes en de profeten, naar hen moeten zij luisteren. Doch hij zeide: 'Neen, vader Abraham, maar indien iemand van de doden tot hen komt, zullen zij zich bekeren.'"*

# De Hel

Wat zou de rijke man tegen zijn broers zeggen, als hij de kans zou krijgen om tot hen persoonlijk te spreken? Hij zou hen zeker zeggen, "Ik ben er absoluut zeker van dat er een hel is, wees er zeker van dat je leeft overeenkomstig Gods woord en niet in de hel terechtkomt, want de hel is een huiveringwekkende en verschrikkelijke plaats."

Zelfs in een eindeloze angstaanjagende pijn en lijden, wilde de rijke man echt zijn broers redden van de hel, en er is geen twijfel dat hij een redelijk goed hart had. Wat dan met de mensen van vandaag?

Eens liet God mij een getrouwd echtpaar zien, die gefolterd werden in de hel, omdat ze God en de kerk verlaten hadden. In de hel, beschuldigden, vervloekten en haatten ze elkaar, en wilden zelfs dat de andere meer pijn moest doorstaan.

De rijke man wilde zijn broers redden, omdat hij toch een redelijk goed hart had. Je zou echter wel moeten herinneren dat de rijke man toch in de hel werd geworpen. Je moet ook weten dat je geen redding kan verkrijgen door enkel te zeggen, "Ik geloof."

Het is de mens voorbestemd om te sterven en of naar de hemel of naar de hel te gaan, na de dood. Daarom, zou je nooit dwaas moeten zijn, maar een echte gelovige worden.

### Een wijs mens bereidt zich voor voor het leven na de dood

Wijze mensen bereiden zich echt voor op het leven na de dood, terwijl de meesten inspannend werken om eer, macht, rijkdom, voorspoed en lang leven te verkrijgen en op te bouwen in deze wereld.

*Zijn de hemel en de hel er echt?*

Wijze mensen verzamelen hun rijkdom in de hemel in overeenstemming met het Woord van God, omdat ze heel goed weten dat ze toch niets meenemen in het hun graf.

Misschien heb je getuigenissen gehoord van degene die niet hun eigen huis in de hemel konden vinden toen ze een bezoek brachten, ondanks dat ze beweerden in God te geloven en een leven in Christus geleidden. Je kan een groot en mooi huis in de hemel hebben, als je ijverig je rijkdom verzameld in de hemel, terwijl je leeft als een kostbaar kind van God in deze wereld!

Je bent echt gezegend en wijs, omdat je gestreden hebt en een vast geloof hebt om de mooie hemel binnen te gaan en omdat je ijverig je prijzen hebt verzameld in de hemel, in geloof, en jezelf hebt voor bereid als een bruid van de Here, die spoedig wederkomt.

Eens een mens sterft, kan hij zijn leven niet opnieuw leven. Dus heb alstublieft geloof en weet dat er een hemel en een hel zijn. Bovendien, wetende dat ongeredde zielen in grootte kwelling verblijven in de hel, zou je de hemel en de hel aan iedereen moeten verkondigen die je tegenkomt in je leven. Veronderstel je eens hoeveel welgevallen God in je zal hebben!

Degene die de liefde van God verkondigen, die alle mensen op de weg van redding willen leiden, zullen gezegend worden in dit leven en zij zullen ook schijnen als de zon in de hemel.

Ik hoop dat je zal geloven in de levende God, die je oordeelt en beloond, en probeer een echt kind van God te worden. Ik bid in de naam van de Here dat je zoveel mogelijk mensen naar God zal leiden en tot redding, en een vreugde voor God zal zijn.

## Hoofdstuk 2

### De weg van redding voor degene die nooit het evangelie gehoord hebben

1. Het oordeel van het geweten
2. Ongeboren babies door abortus of misgeboorte
3. Kinderen van geboorte tot vijf jaar
4. Kinderen van zes tot pre-tiener jaren
5. Zijn Adam en Eva gered?
6. Wat is er gebeurt met de eerste moordenaar Kain?

*Wanneer toch heidenen, die de wet niet hebben,
van nature doen wat de wet gebiedt, dan zijn dezen,
ofschoon zonder wet, zichzelf tot wet; immers, zij tonen,
dat het werk der wet in hun harten geschreven is,
terwijl hun geweten medegetuigt en hun gedachten
elkander onderling aanklagen of ook verontschuldigen.*
*- Romeinen 2:14-15 -*

*"Toen zeide de Here tot hem: Geenszins; ieder,
die Kaïn doodt, zal zevenvoudig boeten.
En de Here stelde een teken aan Kaïn, dat niemand,
die hem zou aantreffen, hem zou verslaan.*
*- Genesis 4:15 -*

God bewees Zijn liefde aan ons door Zijn Enige Zoon Jezus Christus aan ons te geven om gekruisigd te worden voor de redding van alle mensen.

Ouders houden van hun kleine kinderen, maar ze willen ook dat hun kinderen volwassen genoeg worden om hun hart te begrijpen en hun liefde en pijn met elkaar te delen.

Evenzo, wil God dat alle mensen gered worden. Bovendien wil God dat Zijn kinderen volwassen genoeg worden in het geloof om het hart van God, de Vader te kennen en diepe liefde met Hem te delen. Dat is de reden waarom de Apostel Paulus schrijft in 1 Timoteüs 2:4 dat God wil dat alle mensen gered worden en tot kennis van de waarheid komen.

Je zou moeten weten dat God de hel laat zien en de geestelijke wereld tot in detail, omdat God in Zijn liefde wil dat alle mensen redding ontvangen en volledig opgroeien in het geloof.

In dit hoofdstuk, zal ik tot in detail uitleggen of het wel al dan niet mogelijk is voor degene die gestorven zijn zonder Jezus Christus te kennen, gered te ontvangen.

## 1. Het oordeel van het geweten

Vele mensen die niet geloven in God, erkennen tenminste wel het bestaan van de hemel en de hel, maar ze kunnen de hemel niet binnengaan enkel met de erkenning van het bestaan van hemel en hel.

Zoals Jezus ons zegt in Johannes 14:6, *"Ik ben de weg en de waarheid en het leven; niemand komt tot de Vader dan door*

De Hel

*Mij,"* kan je gered worden en de hemel alleen binnengaan door Jezus Christus.

Hoe kan je dan gered worden? De Apostel Paulus toont in Romeinen 10:9-10 een weg tot tastbare redding:

> *Want indien gij met uw mond belijdt, dat Jezus Heer is, en met uw hart gelooft, dat God Hem uit de doden heeft opgewekt, zult gij behouden worden; want met het hart gelooft men tot gerechtigheid en met de mond belijdt men tot behoudenis.*

Veronderstel dat er mensen zijn die Jezus Christus niet kennen. Als gevolg kunnen zij niet belijden, "Jezus is de Heer." Noch geloven ze met hun hart in Jezus Christus. Is het dan echt waar dat geen van hen redding kan ontvangen?

Een groot aantal mensen leefden voordat Jezus' naar de aarde kwam. Zelfs in Nieuw Testamentische tijden, waren er mensen die stierven zonder het evangelie gehoord te hebben. Kunnen deze mensen gered zijn?

Wat zou de bestemming van sommige mensen zijn die zo vroeg gestorven zijn dat ze nooit volwassen of wijs genoeg waren om het geloof te herkennen? Wat dan met de ongeboren kinderen die gestorven zijn door abortus of misgeboorte? Moeten zij dan onvoorwaardelijk naar de hel gaan, omdat zij niet in Jezus Christus geloofden? Nee, dat hoeven ze niet.

De God van liefde opent de deur tot redding voor iedereen in Zijn gerechtigheid, door het "oordeel van het geweten."

*De weg van redding voor degene die nooit het evangelie gehoord hebben*

## Degene die God zochten en leefden met een goed geweten

Romeinen 1:20 zegt dat *"Want hetgeen van Hem niet gezien kan worden, zijn eeuwige kracht en goddelijkheid, wordt sedert de schepping der wereld uit zijn werken met het verstand doorzien, zodat zij geen verontschuldiging hebben."* Dat is reden waarom mensen met een goed hart, geloven in het bestaan van God door te zien wat gemaakt is.

Prediker 3:11 zegt ons dat God de eeuwigheid geplaatst heeft in de harten van de mensen. Dus goede mensen zoeken God van nature en geloven vaag in het leven na de dood. Goede mensen vrezen de hemelen, en proberen goed en rechtvaardig te leven, ondanks dat ze nooit het evangelie gehoord hebben. Daarom leven ze overeenkomstig de wil van hun goden tot op zekere hoogte. Als ze alleen het evangelie hadden gehoord, zouden ze zeker de Here hebben aangenomen en de hemel binnengegaan zijn.

Om die reden, stond God toe dat de goede zielen in het boven Graf kwamen, als een weg van leiding totdat Jezus zou sterven aan het kruis. Na de kruisiging van Jezus, leidde God hen tot redding, door het bloed van Jezus Christus, door hen het evangelie te laten horen.

## Het evangelie horen in het Boven Graf

De Bijbel vertelt ons dat Jezus het evangelie verkondigde in het Boven Graf nadat Hij stierf aan het kruis.

De Hel

Zoals 1 Petrus 3:18-19 zegt, *"Want ook Christus is eenmaal om de zonden gestorven als rechtvaardige voor onrechtvaardigen, opdat Hij u tot God zou brengen. Hij, die gedood is naar het vlees, maar levend gemaakt naar de geest, in welke Hij ook heengegaan is en gepredikt heeft aan de geesten in de gevangenis,"* Jezus verkondigde het evangelie aan de zielen in het Boven Graf zodat zij ook gered konden worden door Zijn bloed.

Na het horen van het evangelie, ontvingen mensen die het evangelie niet gehoord hadden gedurende hun leven, eindelijk een kans om te weten wie Jezus Christus is en gered te worden.

God heeft geen andere naam gegeven dan Jezus Christus om de mensheid tot redding te leiden (Handelingen 4:12). Zelfs tijdens de Nieuw Testamentische tijden, worden degene die niet in de gelegenheid waren om het evangelie te horen gered door het oordeel van hun geweten. Zij verblijven gedurende drie dagen in het Boven Graf om het evangelie te horen en de hemel binnen te gaan.

Mensen met een besmet geweten zoeken nooit God en leven in zonde, geven altijd toe aan hun eigen begeertes. Ze zouden nooit in het evangelie geloven, ook al zouden ze het horen. Na de dood, worden zij naar het onder graf gezonden om in straf te leven en uiteindelijk in de hel te vallen na het Oordeel van de Grote Witte Troon.

**Het Oordeel van het geweten**

Het is onmogelijk om iemand anders geweten nauwkeurig te

oordelen, omdat een mens alleen niet het hart van andere mensen nauwkeurig kan lezen. En toch kan de almachtige God iemands hart onderscheiden en een rechtvaardig oordeel maken.

Romeinen 2:14-15 verklaart het oordeel van het geweten. Goede mensen weten wat goed of kwaad is, omdat hun geweten hen toestaat om de eisen van de wet te kennen.

*Wanneer toch heidenen, die de wet niet hebben, van nature doen wat de wet gebiedt, dan zijn dezen, ofschoon zonder wet, zichzelf tot wet; immers, zij tonen, dat het werk der wet in hun harten geschreven is, terwijl hun geweten medegetuigd en hun gedachten elkander onderling aanklagen of ook verontschuldigen.*

Dus, goede mensen volgen niet de wat van de boze, maar volgen de weg van het goede in hun leven. Als gevolg, verblijven zij gedurende drie dagen in het Boven Graf, overeenkomstig het oordeel van het geweten, waarbij ze het evangelie horen en gered worden.

Je zou Admiraal Soonshin Lee* als voorbeeld kunnen nemen, daar hij in goedheid leefde door zijn goed geweten (*opmerking van de redacteur: Admiraal Lee was de Hoogste bevelhebber van de marine voor de Chosun Dynastie in Korea, gedurende de 16de eeuw.) Admiraal Lee leefde in de waarheid, ondanks dat hij Jezus Christus niet kende. Hij was altijd getrouw aan zijn koning, zijn land en de mensen die hij beschermde. Hij was goed en getrouw aan zijn ouders en hield van zijn broers. Hij plaatste nooit zijn eigen verlangens boven die van anderen, en zocht nooit eer, autoriteit of rijkdom. Hij diende enkel en offerde zichzelf op voor zijn buren en de mensen.

Je kan geen enkel spoor van kwaad in hem vinden. Admiraal Lee werd verbannen zonder te klagen of intentie om zijn vijanden te wreken, toen hij vals beschuldigd werd. Hij morde niet tegen de koning, ondanks dat de koning hem verbande, hem beval om te vechten op het slagveld. Hij dankte de koning met zijn hele hart, plaatste de troepen opnieuw in goede orde, en vocht tijdens de gevechten met het risico om zijn eigen leven te verliezen. Bovendien, bespaarde hij tijd om te bidden tot zijn god op zijn knieën, omdat hij het bestaan van een erkende. Waarom zou God hem dan naar de hemel leiden?

**Degene die uitgesloten zijn van het oordeel van het geweten**

Zijn de mensen die het evangelie gehoord hebben en niet in God geloofden het onderwerp van het oordeel van het geweten?

Je gezinsleden kunnen niet onderworpen worden aan het oordeel van het geweten, als ze het evangelie niet aannemen na het gehoord te hebben van je. Het is eerlijk voor hen om geen redding te ontvangen, als ze het evangelie verworpen hebben ondanks dat ze vele gelegenheden hebben ontvangen om het evangelie te horen.

Hoe dan ook, je zou het goede nieuws moeten verkondigen, omdat de mensen goddeloos genoeg zijn om naar de hel te gaan,

*De weg van redding voor degene die nooit het evangelie gehoord hebben*

geef je hen zo meer gelegenheden om redding te ontvangen door je werken.

Elk kind van God is een schuldenaar in het evangelie en heeft de verplichting om het te verspreiden. God zal je ondervragen op de Dag van het Oordeel, wanneer je nooit het evangelie zou verkondigd hebben aan je familie, inclusief je ouders, broers, zusters en je verwanten, enzovoort. "Waarom heb je het evangelie niet gebracht aan je ouders en broers?" "Waarom heb je niet het evangelie gebracht aan je kinderen?" "Waarom heb je het evangelie niet gebracht aan je vrienden?"

Daarom, behoor je het goede nieuws te verspreiden aan de mensen, dag in dag uit, als je werkelijk de liefde van God begrijpt, die zelfs Zijn eigen Enige Zoon offerde, en wanneer je werkelijk de liefde van de Here kent, die stierf aan het kruis voor ons.

Zielen redden is de enige manier om de dorst van de Here te lessen die aan het Kruis riep, "Mij dorst," en om de prijs van het bloed van de Here terug te betalen.

## 2. Ongeboren babies door abortus of misgeboorte

Wat is het lot van ongeboren baby's die gestorven zijn door misgeboorte, voordat ze geboren werden? Na de lichamelijke dood, is de geest van een mens voorbestemd om of naar de hemel te gaan of naar de hel, omdat de geest van een mens, ondanks dat het zo jong is, niet vernietigd kan worden.

De Hel

## De geest wordt gegeven, vijf maanden na de bevruchting

Wanneer wordt een geest gegeven aan een foetus? Een geest wordt niet gegeven aan de foetus, voor de zesde maand van de zwangerschap.

Overeenkomstig de medische wetenschap, ontwikkelt een foetus gehoorsorganen, ogen, oogleden, de vijfde maand na de bevruchting. De Hersenlobben die de functie van de grote hersenen activeren, worden ook tijdens de vijfde tot zesde maand na de bevruchting gevormd.

Wanneer de foetus zes maanden oud is, wordt er een geest aan gegeven en het heeft zo goed als de vorm van een menselijk wezen. De foetus gaat niet naar de hel of de hemel wanneer er een misgeboorte is, voordat de geest eraan gegeven is, omdat een foetus zonder een geest zo goed als een dier is. Prediker 3:21 zegt, *"Wie bemerkt, dat de adem der mensenkinderen opstijgt naar boven en dat de adem der dieren neerdaalt naar beneden in de aarde?"* "De adem der mensenkinderen" wijst hier op wat gecombineerd is met de geest van de mens die gegeven was door God en leid de mens tot het zoeken van God en zijn ziel die laat hem het woord overdenken en gehoorzamen, terwijl de "adem van een dier" enkel verwijst naar de ziel, namelijk het systeem dat er voor zorgt om te denken en te handelen.

Een speciaal dier sterft uit wanneer het sterft omdat het alleen maar een ziel, maar geen geest heeft. Een foetus die jonger dan vijf maanden tijdens de zwangerschap is, heeft geen geest. Dus, als het sterft, zal het teniet gaan zoals een dier.

*De weg van redding voor degene die nooit het evangelie gehoord hebben*

## Abortus is net zo'n erge zonde als moord

Is het dan geen zonde om een abortus te plegen van een foetus jonger dan vijf maanden, omdat het geen geest in zich heeft? Je zou niet de zonde van abortus van een foetus mogen plegen, ongeacht de tijd wanneer een geest gegeven wordt aan de foetus, herinnerend dat God alleen heerst over het menselijke leven.

In Psalm 139:15-16, schreef de Psalmist, *"Mijn gebeente was voor U niet verholen, Toen ik in het verborgene gemaakt werd, gewrocht in de diepten van het aardrijk; uw ogen zagen mijn vormeloos begin; in uw boek waren zij alle opgeschreven, de dagen, die geformeerd zouden worden, toen nog geen daarvan bestond."*

De God van liefde wist dat een ieder van jullie voordat je gevormd werd in je moeders baarmoeder en Hij had wonderlijke ideeën en plannen voor je naar de mate dat ze opgenomen waren in Zijn boek. Dat is de reden waarom een mens, een louter schepsel van God, niet het leven van een foetus kan beheersen, ook al is het jonger dan vijf maanden.

Een foetus aborteren is het zelfde als een moord plegen, omdat je de autoriteit van God overtreedt, die heerst over het leven, dood, zegen en vloek. Bovendien, hoe durf je vol te houden dat het een nietsbetekende zonde is, wanneer je je eigen zoon of dochter dood?

## Vergelding van de zonde en beproevingen volgen

Onder geen enkele omstandigheid en ongeacht hoe moeilijk

deze is, zou je nooit Gods soevereiniteit voor een mensenleven geweld mogen aandoen. Bovendien, is het niet goed om je kind te aborteren in een najagen van pleziertjes. Je moet beseffen dat je zal oogsten, wat je gezaaid hebt, en je zal betalen voor wat je gedaan hebt.

Het is ernstiger wanneer je een foetus aborteert na zes maanden of meer van de zwangerschap. Het is hetzelfde als het vermoorden van iemand die volwassen wordt, omdat het al een geest heeft ontvangen.

Abortus schept een grote muur van zonde tussen u en God. Als gevolg, worden er pijnen op je gelegd teruggaand op verschillende beproevingen en moeilijkheden. Geleidelijk aan, vervreemd u van God mede door de muur van zonde, als u dit zonde probleem niet oplost, en uiteindelijk bent u misschien te ver gegaan om terug te keren.

Zelfs degene die niet in God geloven, zullen gestraft worden en allerlei beproevingen en moeilijkheden zullen over hen gebracht worden, wanneer ze abortus plegen, omdat het een moord is. Beproevingen en moeilijkheden volgen hen overal, omdat God hen niet kan beschermen en Hij keert Zijn aangezicht van hen weg, als ze de muur van zonde niet neerhalen.

**Bekeert u volledig van u zonden en haal de muur van zonde naar beneden**

God gaf Zijn geboden niet om mensen te veroordelen, maar om Zijn wil te openbaren, hen tot te bekering te leiden en hen te redden.

*De weg van redding voor degene die nooit het evangelie gehoord hebben*

God staat ook toe dat u deze dingen betreffende abortus begrijpt, zodat u deze zonde niet zal doen en de muur van zonde kan vernietigen door u te bekeren van de zonde die u in het verleden gedaan hebt.

Wanneer u uw kind in het verleden, geaborteerd hebt, wees er dan zeker van dat u zich volledig bekeerd en de muur van zonde neerhaalt door een vredeoffer te brengen.

De ernst van zonde is per geval zeer verschillend, wanneer u een kind aborteert. Bijvoorbeeld, wanneer u uw kind aborteert omdat u zwanger werd door een verkrachting, is uw zonde relatief licht. Wanneer een getrouwd koppel hun ongewilde kind laten aborteren, is hun zonde ernstiger.

Wanneer u een kind niet wilt, en dat kan om verschillende redenen zijn, dan zou u uw kind in uw baarmoeder moeten overgeven aan God in gebed. In zo'n geval, zou u geboorte moeten geven aan uw kind, wanneer God het niet overeenkomstig uw gebeden uitwerkt.

## De meeste geaborteerde kinderen zijn gered, maar er zijn uitzonderingen

Zes maanden na de bevruchting, kan een foetus, ondanks dat het een geest heeft, niet redelijkerwijs denken, begrijpen, of geloven in zijn eigen wil. Dus God redt de meeste foetussen die sterven in deze periode, ongeacht hun geloof of dat van hun ouders.

Merk op hoe ik zeg, "de meeste" – niet "alle" – van de foetussen, omdat in uitzonderlijke gevallen, een foetus niet gered

# De Hel

kan worden.

Een foetus kan de goddeloze natuur van zijn ouders erven vanaf het moment van de bevruchting, wanneer de ouders of de voorouders ernstig streden tegen God, en kwaad op kwaad stapelden. In deze gevallen, kan een foetus niet gered worden.

Bijvoorbeeld, het kan een kind zijn van een toveraar of een kind van goddeloze ouders die enkel andere mensen vervloeken en verwensen met ziekte, zoals Hee-bin Jang* in de Koreaanse geschiedenis (*Opmerking van de redacteur: Vrouw Jang was een bijzit van Koning Sook-jong in de late 17de eeuw, die, uit jaloezie, de koningin vervloekte). Ze vervloekte haar rivaal door een portret van haar rivaal te doorsteken met pijlen uit extreme jaloezie. De kinderen van zulke goddeloze ouders kunnen niet gered worden, omdat ze de boze natuur van hun ouders erven.

Er zijn ook buitengewone goddeloze mensen onder degene die beweren te geloven. Zulke mensen verzetten zich, oordelen verkeerd, veroordelen, en verhinderen het werk van de Heilige Geest. Uit jaloezie, proberen ze ook iemand te doden die de naam van God verheerlijkt. Wanneer kinderen van zulke ouders een misgeboorte worden, kunnen zij niet gered worden.

Met uitzondering van zulke buitengewone gevallen, zijn de meeste ongeboren kinderen gered. Hoe dan ook, zij kunnen niet de hemel binnen gaan, zelfs niet het Paradijs, omdat ze niet ontwikkelt zijn op deze aarde. Ze leven in het Boven Graf, zelfs nadat het Oordeel van de Grote Witte Troon heeft plaatsgevonden.

*De weg van redding voor degene die nooit het evangelie gehoord hebben*

## De eeuwige plaats voor geredde ongeboren baby's

De foetussen die op zes maanden of daarna geaborteerd werden tijdens de zwangerschap, in het Boven Graf lijken op witte bladen papier, omdat ze niet op aarde ontwikkeld zijn. Daarom moeten zij in het Boven Graf verblijven en zullen zij een passend lichaam krijgen voor hun zielen na de opstanding.

Ze krijgen een lichaam wat zal veranderen en groeien, in tegenstelling tot de andere geredde mensen, die een geestelijk en eeuwig lichaam krijgen. Daarom, ondanks dat ze eerst in de staat en vorm van kinderen waren, zullen ze groeien totdat ze een passend niveau bereikt hebben.

Deze kinderen, ondanks dat ze opgroeien, zullen in het Boven Graf verblijven, hun zielen vullend met de kennis van waarheid. U kunt dit gemakkelijk begrijpen wanneer u denkt aan Adams eerste verblijf in de Hof van Eden en zijn leerproces.

Adam werd samengesteld uit geest, ziel en lichaam, toen hij geschapen werd als een levend wezen. Zijn lichaam was echter anders dan zijn geestelijke, opgestane lichaam en zijn ziel was onwetend zoals dat van een nieuwgeboren baby. Daarom gaf God Adam zelf geestelijke kennis, en wandelde met hem gedurende een lange periode.

U zou moeten weten dat Adam in de Hof van Eden geschapen werd zonder enig kwaad in zich, maar de zielen in het Boven Graf zijn niet zo goed als Adam was, omdat zij al de zondevolle natuur van hun ouders hebben geërfd, die de menselijke ontwikkeling van generaties hebben ervaren.

Sinds de val van Adam, hebben al zijn nakomelingen de oorspronkelijke zonde van hun ouders ontvangen.

## 3. Kinderen van geboorte tot vijf jaar

Hoe kunnen kinderen tot een leeftijd van vijf jaar, die niet kunnen vertellen wat goed of kwaad is, en het geloof nog niet kunnen herkennen, gered worden? De redding van de kinderen van deze leeftijd, is afhankelijk van het geloof van hun ouders – vooral, van hun moeders.

Een kind kan redding ontvangen, wanneer de ouders van het kind, het soort van geloof hebben om gered te worden en hun kinderen op te voeden in geloof (1 Korintiërs 7:14). Het is echter ook niet waar dat een kind niet onvoorwaardelijk gered kan worden, omdat de ouders van het kind geen geloof hebben.

Hier, kan u opnieuw de liefde van God ervaren. Genesis 25 laat ons zien dat God van te voren wist dat Jacob in de toekomst groter zou zijn dan zijn broer Esau, toen ze samen vochten in de baarmoeder van de moeder. De alwetende God leidt alle kinderen die sterven voordat ze vijf jaar zijn tot redding overeenkomstig hun geweten. Dit is mogelijk omdat God weet of de kinderen de Here zouden aannemen, als ze langer hadden geleefd, als ze het evangelie hadden gehoord in hun leven.

De kinderen waarvan de ouders geen geloof hebben en die niet door het oordeel van het geweten gaan zullen ook onvermijdelijk in het Onder Graf vallen, welke behoort tot de hel, en zullen daar gemarteld worden.

*De weg van redding voor degene die nooit het evangelie gehoord hebben*

## Het oordeel van het geweten en het geloof van hun ouders

De redding van kinderen hangt sterk af van het geloof van hun ouders. Dus, ouders moeten hun kinderen opvoeden overeenkomstig Gods wil, zodat hun kinderen niet in de hel zullen eindigen.

Een lange tijd geleden, was er een zeker echtpaar die geen kinderen had, ze gaven geboorte aan een kind met een gebed van belofte. Het kind werd echter vroegtijdig gedood tijdens een verkeersongeval.

Ik kon de reden van de dood van het kind ontdekken in gebed. Het kwam omdat het geloof van de ouders van het kind, koud was geworden, en omdat ze ver van God weg waren. Het kind kon niet naar de kleuterschool gaan die aangesloten was bij de kerk, omdat zijn ouders gewend waren geraakt aan de wereldse manier van leven. Zo begon ook het kind gewone liederen te zingen in plaats van God te loven en te prijzen.

Op dat moment had het kind het geloof om redding te ontvangen, maar kon het niet gered worden als hij zou verder opgroeien onder invloed van zijn ouders. In deze situatie, riep God het kind tot het eeuwige leven door een verkeersongeval, en gaf zijn ouders de gelegenheid om zich te bekeren. Als de ouders zich bekeerd zouden hebben en terug tot God waren gekeerd, zonder hun kind op een welddadige manier te zien sterven, zou Hij dit niet op deze wijze gedaan hebben.

## De verantwoordelijkheid van de ouders voor de geestelijke groei van kinderen

Het geloof van de ouders heeft een directe invloed op de redding van hun kinderen. Het geloof van kinderen kan niet goed groeien wanneer hun ouders geen betrokkenheid hebben met de geestelijke groei van hun kinderen en hun kinderen alleen maar naar de zondagsschool sturen.

De ouders moeten bidden voor hun kinderen, toezien dat ze altijd aanbidden in geest en met een waarachtig hart, en hen onderwijzen om een leven van gebed te leiden thuis, door goede voorbeelden voor hen te zijn.

Ik bemoedig alle ouders om wakker te zijn in hun eigen geloof en hun geliefde kinderen op te voeden in de Here. Ik zegen u zodat uw gezin mag genieten van het eeuwige leven samen in de hemel.

## 4. Kinderen van zes tot pre-tiener jaren

Hoe kan een kind van zes tot de pre-tiener jaren – ongeveer twaalf jaar – redding ontvangen?

Deze kinderen kunnen het evangelie begrijpen, wanneer zij het horen en ze kunnen ook beslissen om het te geloven met hun eigen wil en gedachten, niet volledig maar toch tot op zekere hoogte.

De leeftijd van kinderen hier, kan een klein beetje verschillen in ieder kind, omdat elke kind wat opgroeit, zich op andere wijze ontwikkelt en volwassen wordt. De belangrijkste factor, is dat normaal op deze leeftijd, kinderen kunnen geloven in God door hun eigen wil en denken.

## Door hun eigen geloof ongeacht het geloof van hun ouders

Kinderen vanaf zes tot twaalf jaar kunnen goed een keuze maken om te kiezen voor geloof. Daarom kunnen ze door hun eigen geloof gered worden ongeacht het geloof van hun ouders.

Uw kinderen kunnen dus enkel naar de hel gaan, wanneer u ze niet opvoed in het geloof, ook al hebt u zelf een sterk geloof. Er zijn ook kinderen, wiens ouders niet gelovig zijn. In zo'n geval is het voor de kinderen veel moeilijker om redding te ontvangen.

De reden waarom ik onderscheid maak tussen de redding van kinderen voor hun tienerjaren en na de tienerjaren is omdat door Gods overvloedige en overstromende liefde, het oordeel van het geweten toegepast wordt op de eerste groep.

God kan een extra gelegenheid geven aan deze kinderen om redding te ontvangen, omdat de kinderen van die leeftijd niet volledig kunnen beslissen met hun eigen wil en gedachten, omdat ze nog onder de invloed van hun ouders leven.

Goede kinderen aanvaarden de Here wanneer ze het evangelie horen en ontvangen de Heilige Geest. Ze gaan ook naar de kerk, maar kunnen later niet meer naar de kerk gaan, omdat ze ernstig vervolgd worden door hun ouders die afgoden aanbidden. Zij kunnen echter vanaf hun vroege tienerjaren zelf kiezen wat goed is en kwaad is met hun eigen wil, ongeacht de voornemens van de ouders. Ze kunnen hun geloof handhaven wanneer zijn werkelijk in God geloven, ongeacht hoe ernstig ze vervolgd worden of tegenstand krijgen van hun ouders.

Veronderstel een kind, dat sterk geloof zou kunnen hebben, als hij langer geleefd had, maar vroegtijdig gestorven is. Wat zal er dan met hem gebeuren? God zal hem leiden tot redding, door de wet van het oordeel van het geweten, omdat Hij het diepste kent van het hart van het kind.

Wanneer een kind echter niet de Here aanneemt, en niet door het oordeel van het geweten komt, zal hij of zij geen gelegenheid meer hebben en onvermijdelijk in de hel eindigen. Bovendien, is het begrijpelijk dat de redding van mensen vanaf de puberjaren, volledig afhangt van hun eigen geloof.

### Kinderen die geboren worden in slechte omgevingen

Redding van nog maar een kind, dat nog geen logisch of gezond oordeel kan maken, hangt grotendeels af van de geesten (natuur, energie, of kracht) van de ouders en voorouders.

Een kind kan geboren worden met een soort van mentale kwaal of bezeten zijn door demonen vanaf jonge leeftijd, mede door de goddeloosheid en afgoderij van zijn of haar voorouders. Dat komt omdat de nakomelingen onder invloed zijn van hun ouders en voorouders.

Overeenkomstig dit, waarschuwt Deuteronomium 5:9-10 ons voor het volgende:

*De weg van redding voor degene die nooit het evangelie gehoord hebben*

> *Gij zult u voor die niet buigen, noch hen dienen; want Ik, de Here, uw God, ben een naijverig God, die de ongerechtigheid der vaderen bezoek aan de kinderen en aan het derde en aan het vierde geslacht van hen die Mij haten, en die barmhartigheid doe aan duizenden van hen die Mij liefhebben en mijn geboden onderhouden.*

1 Korintiërs 7:14 merkt ook op dat *"Want de ongelovige man is geheiligd in zijn vrouw en de ongelovige vrouw is geheiligd in de broeder. Anders zouden immers uw kinderen onrein zijn, doch nu zijn zij heilig."*

Evenzo is het heel moeilijk voor de kinderen om gered te worden wanneer hun ouders niet in geloof leven.

Daar God liefde is, keert Hij zich niet af van degene die Zijn naam aanroepen, ook al zijn ze misschien geboren met een goddeloze natuur van hun ouders en voorouders. Ze kunnen tot redding geleid worden, omdat God hun gebeden beantwoordt, wanneer zij zich bekeren, proberen te leven door Zijn woord te allen tijde, en Zijn naam onophoudelijk aanroepen.

Hebreeën 11:6 zegt ons dat *"Maar zonder geloof is het onmogelijk (Hem) welgevallig te zijn. Want wie tot God komt, moet geloven, dat Hij bestaat en een beloner is voor wie Hem ernstig zoeken."* Zelfs wanneer mensen geboren worden met een slechte natuur, veranderd God hun slechte natuur in een goede en leidt hen naar de hemel, wanneer ze Hem behagen met goede daden en offers in geloof.

De Hel

**Degene die God niet zelf kunnen zoeken**

Sommige mensen kunnen God niet zoeken in geloof, omdat ze mentale kwalen hebben of door demonen bezeten zijn. Wat zouden zij dan moeten doen?

In zo'n geval, moeten hun ouders of familieleden een adequate belangrijkheid van geloof tonen in naam van deze mensen, voor God. De God van liefde zal dan de deur van redding voor hen openen, ziende hun geloof en oprechtheid.

Het is de schuld van de ouders, voor de bestemming van hun kinderen, wanneer het kind sterft zonder een gelegenheid gekregen te hebben om het evangelie te ontvangen. Dus, wil ik u aansporen om te begrijpen dat leven in geloof heel belangrijk is, niet alleen voor de ouders zelf, maar ook voor hun nakomelingen.

U zou ook het hart van God moeten begrijpen die de waarde van een ziel belangrijker vindt dan die van de wereld. Ik spoor u aan om een overvloedige liefde te hebben om te kijken, niet alleen naar uw eigen kinderen, maar ook naar de kinderen van uw buren en geliefden in geloof.

## 5. Zijn Adam en Eva gered?

Adam en Eva werden op de aarde verdreven nadat ze gegeten hadden van de boom van kennis van goed en kwaad in ongehoorzaamheid en zij hebben nooit het evangelie gehoord. Zijn ze dan gered? Laat me uitleggen of de eerste mens Adam en Eva redding ontvingen of niet.

*De weg van redding voor degene die nooit het evangelie gehoord hebben*

## Adam en Eva waren ongehoorzaam aan God

In het begin, schiep God de eerste mens Adam en Eva in Zijn eigen beeld en hield heel veel van hen. God bereidde alle dingen van te voren voor, hun overvloedige leven en leidde hen naar de Hof van Eden. Daar, hadden Adam en Eva aan niets gebrek.

Bovendien, gaf God Adam grote kracht en autoriteit om over alle dingen in het universum te heersen. Adam regeerde over alle levende dingen op de aarde, in de lucht en onder het water. De vijand Satan en de duivel konden het niet wagen om de Hof binnen te gaan, omdat deze werd bewaakt werd onder het leiderschap van Adam.

Wandelend met hen, voorzag God hen Zelf met geestelijk onderwijs, zo vriendelijk – de wijze zoals een vader zijn geliefde kinderen in alles zou onderwijzen van A tot Z. Adam en Eva hadden aan niets gebrek, maar ze werden door de listige slang verleid en aten van de verboden vrucht.

Ze smaakten de dood overeenkomstig het Woord van God, dat ze zeker zouden sterven (Genesis 2:17). Met andere woorden, hun geest stierf ondanks dat ze levende geesten waren geweest. Als gevolg, werden ze naar de aarde verdreven vanuit de mooie Hof van Eden. De menselijke ontwikkeling begon op dit vervloekte land en alle dingen erop werden tegelijkertijd vervloekt.

Zijn Adam en Eva gered? Sommige mensen denken misschien dat ze geen redding konden ontvangen, omdat alle dingen vervloekt waren en hun nakomelingen leden mede door hun ongehoorzaamheid in de eerste plaats. Niet te min, de God

# De Hel

van liefde heeft zelfs een deur tot redding voor hen geopend.

### Adam en Eva's volkomen bekering

God vergeeft u zo lang u maar berouw hebt en tot Hem terug keert met uw hele hart, zelfs als u besmet bent met allerlei oorspronkelijke zonden en de werkelijke zonden die gedaan worden terwijl u leeft in deze wereld vol van duisternis en goddeloosheid. God vergeeft u zolang u zich bekeert diep in uw hart en tot Hem terugkeert, ook al bent u misschien een moordenaar geweest.

Vergeleken met de mensen van vandaag, dan zou u weten dat Adam en Eva echte zuivere en goede harten hadden. Bovendien, onderwees God hen Zelf met tedere liefde gedurende een lange periode. Hoe, zou God dan Adam en Eva naar de hel sturen zonder hen te vergeven wanneer ze zich zouden bekeren vanuit het diepst van hun hart?

Adam en Eva leden zoveel, terwijl ze ontwikkeld werden op de aarde. Ze waren in staat geweest om in vrede te leven en altijd allerlei soorten vruchten te eten, te allen tijde in de Hof van Eden; en nu konden ze niet meer eten zonder moeite en zweten. Eva moest baren in grote pijnen. Ze huilden en leden enorme pijn, ten gevolge van hun zonden. Adam en Eva waren ook getuige dat een van hun zonen de andere doodde.

Hoeveel zullen zij hun leven, onder de bescherming en liefde van God, in de Hof van Eden, gemist hebben, toen zij de angst, wanhoop ervoeren in deze wereld? Toen zij in de Hof van Eden leefden, herkenden zij niet hun gelukzaligheid en dankten God niet, omdat ze hun leven, overvloed en Gods liefde als van zelfsprekend vonden.

Nu, konden ze echter begrijpen hoe gelukkig ze geweest waren in die tijd en begonnen God te danken voor de overstromende liefde die Hij hen gegeven had. Uiteindelijk hebben zij zich volledig bekeerd van hun zonden van het verleden.

### God opende de deur van redding voor hen

Het loon van de zonde is de dood, maar God die regeert met liefde en gerechtigheid, vergeeft de zonden, zolang mensen zich volledig bekeren.

De God van liefde stond Adam en Eva toe om de hemel binnen te treden, nadat ze zich bekeerd hadden. Ze zijn echter ternauwernood gered om te leven in het Paradijs, omdat God ook rechtvaardig is. Hun zonde – het verlaten van Gods grote liefde – was niet onbeduidend. Adam en Eva zijn verantwoordelijk voor de noodzaak van de menselijke ontwikkeling alsook voor het lijden, pijn en de dood van hun nakomelingen, vanwege hun ongehoorzaamheid.

Zelfs als Gods voorzienigheid had toegestaan dat Adam en Eva mochten eten van de boom van kennis van goed en kwaad, heeft deze handeling van ongehoorzaamheid talloze mensen in lijden en dood gebracht. Daarom, konden Adam en Eva geen betere plaats krijgen in de hemel dan het Paradijs en natuurlijk konden ze geen enkele beloning ontvangen.

De Hel

## God werkt met liefde en gerechtigheid

Laat ons denken over de liefde en gerechtigheid van God door naar de Apostel Paulus te kijken.

De Apostel Paulus was de hoofdleider in het vervolgen van de gelovigen van Jezus en zette hen gevangen, toen hij Jezus nog niet kende. Toen Stefanus gemarteld werd, terwijl hij getuigde van de Here, keek Paulus toe hoe Stefanus ter dood gestenigd werd en beschouwde dit als rechtvaardig.

Paulus ontmoette echter de Here en nam Hem aan op de weg naar Damascus. Op dat moment, zei de Here tot hem dat hij een apostel voor de heidenen zou zijn en veel zou lijden. Sinds die tijd heeft de Apostel Paulus zich volkomen bekeerd en de rest van zijn leven opgeofferd voor de Here.

Hij kon het Nieuwe Jeruzalem binnengaan omdat hij zijn opdracht met vreugde heeft gedragen, ondanks het vele lijden en getrouw was om zijn leven op te geven voor de Here.

Het is de wet van de natuur om te oogsten als je zaait in deze wereld. Zo is het ook in de geestelijke wereld. Je zal goedheid oogsten als je goedheid zaait en je zal het boze oogsten als je het boze zaait.

Zoals je kan zien in Paulus geval, moet je daarom je hart bewaren, wakker zijn en herinner je dat er moeilijkheden zullen komen vanwege de boze daden die je in het verleden gedaan hebt, zelfs als je vergeven bent door diepe bekering.

## 6. Wat is er gebeurd met de eerste moordenaar Kaïn?

Wat gebeurde er met de eerste moordenaar Kaïn, die stierf zonder ooit het evangelie gehoord te hebben? Laat ons eens kijken of hij gered werd door het oordeel van het geweten.

### De broeders, Kaïn en Abel brachten een offer aan God

Adam en Eva gaven geboorte aan kinderen op de aarde, nadat ze uit de Hof van Eden gedreven werden: Kaïn was de eerste zoon en Abel was Kaïns jongere broeder. Toen ze opgroeiden, gaven ze offers aan God. Kaïn bracht vruchten van het veld als een offer aan God en Abel bracht de vette delen van de eerstgeborene van zijn kudde.

God keek met weggevallen naar Abel en zijn offer, maar niet naar Kaïn en zijn offer. Waarom dan had God welgevallen in het offer van Abel?

Je moet geen offer aan God brengen, wat tegen Zijn wil is. Overeenkomstig de wet van de geestelijke wereld, moet je God aanbidden met het bloedoffer dat de zonden kan vergeven. Daarom offerden mensen, in Oudtestamentische tijden, ossen of lammen om God te aanbidden en in de Nieuwtestamentische tijden, werd Jezus het Lam van God een verzoenoffer door Zijn bloed te laten vloeien.

God aanvaardt je met gunst, antwoordt je gebeden, en zegent je wanneer je Hem aanbidt in Geest. Geestelijk offeren betekent God aanbidden in Geest en waarheid. God aanvaardt je aanbidding niet wanneer je indut of de boodschap hoort met ijdele gedachten tijdens de aanbiddingdiensten.

## God keek enkel met welgevallen naar Abel en zijn offer

Adam en Eva kenden heel goed de geestelijke wet van offeren, omdat God de wet aan hen onderwezen had in de Hof van Eden, gedurende een lange periode terwijl Hij met hen wandelde. Natuurlijk, moeten ze dit zeker onderwezen hebben aan hun kinderen, over hoe ze een goed offer aan God moesten brengen.

Aan de ene kant, aanbad Abel God met het bloedoffer in gehoorzaamheid aan het onderwijs van zijn ouders. Aan de andere kant, bracht Kaïn niet het offer, maar bracht de vruchten van het veld als een offer aan God, door zijn eigen redenering.

Betreffende dit, zegt Hebreeën 11:4, *"Door het geloof heeft Abel Gode een beter offer gebracht dan Kaïn; hierdoor werd van hem getuigd, dat hij rechtvaardig was, daar God getuigenis gaf aan zijn gaven, en hierdoor spreekt hij nog, nadat hij gestorven is."*

God aanvaardde Abels offer omdat hij geestelijk God aanbad in gehoorzaamheid naar Zijn wil met geloof. God aanvaardde echter niet het offer van Kaïn, omdat hij Hem niet aanbad in Geest, maar hij enkel aanbad overeenkomstig zijn eigen standaards en methodes.

## Kaïn dood Abel uit jaloezie

Ziende dat God enkel het offer van zijn broer aanvaardde, en niet dat van hem, werd Kaïn heel boos en zijn gezicht was betrokken. Uiteindelijk viel hij Abel aan en doodde hem. Binnen een generatie sedert de menselijke ontwikkeling begonnen was op aarde, baarde ongehoorzaamheid naijver, naijver baarde hebzucht, en hebzucht en haat brachten moord voort. Hoe verschrikkelijk is dit?

Je kan zien hoe snel mensen hun hart besmetten met zonde eens ze zonde toestaan in hun hart. Dat is de reden waarom je zelfs geen alledaagse zonde moet toestaan in je hart en het onmiddellijk moet verwijderen.

Wat gebeurde er met de eerste moordenaar, Kaïn? Sommige mensen argumenteren dat Kaïn niet gered is, omdat hij zijn rechtvaardige broer Abel had gedood.

Kaïn wist van zijn ouders wie God was. Vergeleken met de mensen van vandaag, erfden de mensen in Kaïns dagen relatief weinig oorspronkelijke zonde van hun ouders. Kaïn, was ook rein in zijn geweten, ondanks dat hij zijn broer in een ogenblik van jaloezie gedood had.

Daarom, ondanks dat hij een moord had gepleegd, kon Kaïn zich bekeren door Gods straf en God toonde hem genade.

**Kaín werd gered door volkomen bekering**

In Genesis 4:13-15, pleidt Kaïn met God dat zijn straf te zwaar is en vraagt Zijn genade, toen hij vervloekt werd en een rusteloze zwerver op de aarde werd. God antwoordde, *"Ieder die Kaïn doodt, zal zevenvoudig boeten"* en God plaatste een teken op Kaïn, zodat niemand hem kon doden.

# De Hel

Hier, moet je beseffen hoe Kaïn zich volledig bekeerd na de dood van zijn broer. Alleen dan kon hij op deze wijze communiceren met God en zou God hem een teken geven als een bewijs van Zijn vergeving. Als Kaïn een verloren zaak was en bestemd was om te eindigen in de hel, waarom zou God dan zijn smeekbede verhoord hebben, en een teken geplaatst hebben op hem?

Kaïn werd een rusteloze zwerver op de aarde als een straf voor het doden van zijn broer, maar uiteindelijk ontving hij redding door de bekering van zijn zonde. Hoe dan ook, zoals in Adam's geval, werd Kaïn ternauwernood gered en werd toegelaten om te leven aan de buitenrand – zelfs niet het centrum – in het Paradijs.

De God van gerechtigheid kon Kaïn niet toelaten om een betere plaats, dan het Paradijs, binnen de hemel binnen te treden, ondanks zijn bekering. Ondanks dat Kaïn in een veel reinere en minder zondevolle eeuw leefde, was hij toch goddeloos genoeg om zijn eigen broer te doden.

Hoe dan ook, misschien had Kaïn in staat geweest om een betere plaats in de hemel binnen te treden als hij zijn boze hart meer ontwikkeld had tot een goed hart en zijn best gedaan had om God te behagen met al zijn kracht en geheel zijn hart. En toch was Kaïns geweten niet zo goed en zuiver.

## Waarom straft God goddeloze mensen niet onmiddellijk?

Je kan vele vragen hebben terwijl je een leven van geloof leidt. Sommige mensen zijn heel goddeloos, maar God straft ze niet.

Anderen lijden aan ziekten of sterven door hun goddeloosheid. Nog anderen sterven op jonge leeftijd, ondanks dat ze heel toegewijd lijken te zijn aan God.

Bijvoorbeeld, Koning Saul was goddeloos genoeg van hart, om te proberen om David te doden, ondanks dat hij wist dat God David had gezalfd. En toch liet God Koning Saul ongestrafd. Als gevolg, vervolgde Saul David nog meer.

Dit was een voorbeeld van de voorzienigheid van Gods liefde. God wilde David trainen om hem een groot vat te maken en uiteindelijk hem tot koning te maken, door het kwaad van Saul. Dat is waarom Koning Saul stierf toen God de discipline van David had vervolmaakt.

Evenzo, afhankelijk per persoon, straft God mensen onmiddellijk of staat toe dat ze ongestraft verder kunnen leven. Alles bevat de voorzienigheid en liefde van God.

**Je zou moeten verlangen naar een betere plaats in de hemel**

In Johannes 11:25-26, zei Jezus, *"Ik ben de Opstanding en het Leven; wie in Mij gelooft, zal leven, ook al is hij gestorven, en een ieder, die leeft en in Mij gelooft, zal in eeuwigheid niet sterven. Gelooft gij dat?"*

Degene die redding ontvangen door het evangelie aan te nemen, zullen zeker opstaan, hun geestelijke lichaam aannemen, en genieten van de eeuwige glorie van de hemel. Degene die nog steeds op de aarde leven, zullen opgenomen worden in de wolken om de Here te ontmoeten, wanneer Hij neerdaalt uit de hemel. Des te meer je gelijkt op het beeld van God, des te beter de plaats die je zal bezitten in de hemel.

Hierover vertelt Jezus ons in Matteüs 11:12 dat *"Sinds de dagen van Johannes de Doper tot nu toe breekt het Koninkrijk der hemelen nu baan met geweld en geweldenaars grijpen ernaar."* Jezus gaf ons een andere belofte in Matteüs 16:27, *"Want de Zoon des mensen zal komen in de heerlijkheid zijns Vaders, met Zijn engelen, en dan zal Hij een ieder vergelden naar zijn daden."* 1 Korintiërs 15:41 geeft ook weer *"De glans der zon is anders dan die der maan en der sterren, want de ene ster verschilt van de andere in glans."*

Het helpt niet alleen om naar een betere plaats te verlangen in de hemel. Je moet proberen om heiliger te worden en getrouwer in geheel Gods huis, zodat je toegelaten zal worden in het Nieuwe Jeruzalem, waar de troon van God gelegen is. Zoals een boer bij de oogst, wil God zoveel mogelijk mensen leiden tot een beter koninkrijk in de hemel door de menselijke ontwikkeling op de aarde.

**Je moet de geestelijke wereld goed kennen om de hemel binnen te gaan**

Mensen die God en Jezus Christus niet kennen, kunnen nauwelijks het Nieuwe Jeruzalem binnengaan, ondanks dat ze gered zijn door het oordeel van het geweten.

Er zijn mensen die niet duidelijk de voorzienigheid van de menselijke ontwikkeling kennen, het hart van God en de geestelijke wereld, ondanks dat ze het evangelie gehoord hebben. Daarom weten zij niet dat de geweldenaars naar het koninkrijk van de hemel grijpen noch hebben ze enige hoop voor het Nieuwe Jeruzalem.

God zegt ons *"Wees getrouw tot de dood, en Ik zal u geven de kroon des levens"* (Openbaring 2:10). God beloont je overvloedig in de hemel overeenkomstig datgene wat je gezaaid hebt. De beloning is zeer kostbaar, omdat het blijft tot in de glorieuze eeuwigheid.

Wanneer je dit in gedachten houdt, kan je jezelf voorbereiden als een mooie bruid van de Here zoals de vijf wijze maagden en de geest volkomen maken.

1 Tessalonicenzen 5:23 zegt, *"En Hij, de God des vredes, heilige u geheel en al, en geheel uw geest, ziel, en lichaam moge bij de komst van onze Here Jezus Christus blijken in allen dele onberispelijk bewaard te zijn."*

Daarom moet je jezelf vurig voorbereiden als een bruid van de Here om de volmaakte geest te bereiken, voordat de Here Jezus Christus terug komt, of op Gods roep voor je ziel, die misschien eerder komt.

Het is niet voldoende om naar de kerk te komen elke zondag en te belijden, "Ik geloof." Je moet afrekenen met elke zonde en getrouw zijn in geheel Gods huis. Te meer je God behaagt, des te beter de plaats zal zijn die je in de hemel binnen zal gaan.

Ik bemoedig je om een echt kind van God te worden met deze kennis. In de naam van de Here, bid ik dat je niet alleen met de Here wandelt hier op de aarde, maar ook dicht bij de troon van God zal leven in de hemel voor eeuwig en eeuwig.

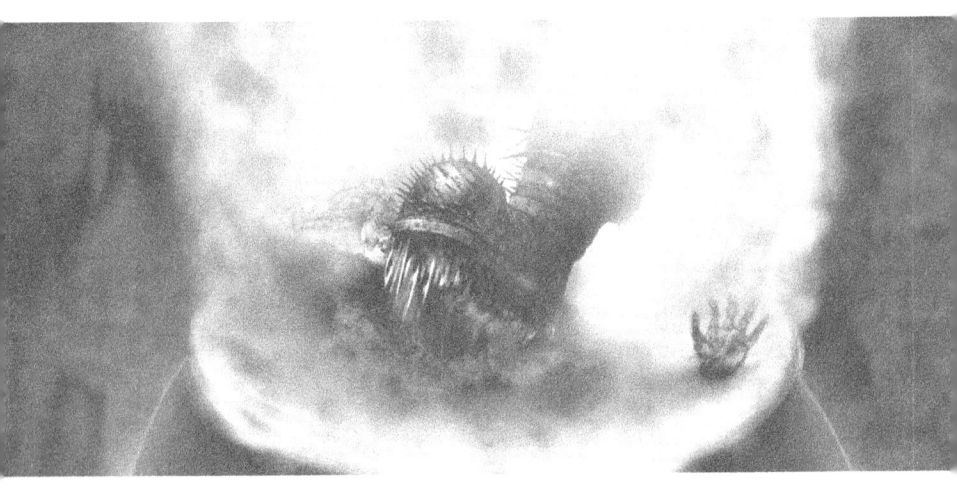

*Hoofdstuk 3*

# Het onder graf en de identiteit van de boodschappers van de hel

1. De boodschappers van de hel brengen mensen naar het onder graf
2. Een wachtkamer naar de wereld van de boze geesten
3. De verschillende straffen in het onder graf voor verschillende zonden
4. Lucifer in beheer van het onder graf
5. De identiteit van de boodschappers van de hel

*"Want indien God engelen,
die gezondigd hadden, niet gespaard heeft,
maar hen, door hen in de afgrond te werpen,
aan krochten der duisternis heeft overgegeven
om hen tot het oordeel te bewaren."*
- 2 Petrus 2:4 -

*"De goddelozen keren om naar het dodenrijk,
al de volken die God vergeten."*
- Psalm 9:18 -

## Het onder graf en de identiteit van de boodschappers van de hel

Tegen de oogsttijd ieder jaar, zijn de boeren vreugdevol met de verwachting van een goede oogst. En toch is het moeilijk voor hen om altijd eersteklasse granen te oogsten, ondanks dat ze dag na dag, nacht na nacht, ijverig werken, mesten, onkruid verwijderen, enzovoort. Onder de oogst, is er tweedeklasse, derdeklasse en zelfs kaf.

Mensen kunnen geen kaf eten als hun voedsel. Bovendien, kan het kaf niet vergaderd worden met het graan, omdat het kaf het koren zal schaden. Dat is de reden waarom de boeren het kaf verzamelen en het verbranden of het gebruiken als mest.

Zo is het ook met Gods menselijke ontwikkeling op de aarde. God zoekt echte kinderen, die ook het heilige en volmaakte beeld van God hebben. Er zijn echter mensen die niet volledig afrekenen met hun zonden of anderen zijn volkomen verteerd door het kwade en verliezen de plicht van de mens. God wil echte en heilige kinderen, maar Hij brengt ook degene in de hemel die niet helemaal afgerekend hebben met hun zonden, maar ze hebben wel geprobeerd om te leven in geloof.

Aan de ene kant, zend God mensen niet naar de vreselijke hel, als ze het geloof van een mosterdzaad hebben, wat afhankelijk is van het bloed van Jezus Christus, zonder te letten op Zijn oorspronkelijke doel om enkel echte kinderen te ontwikkeling en te verzamelen. Aan de andere kant, degene die niet geloven in Jezus Christus en tegen God vechten tot het einde, hebben geen enkele andere optie dan naar de hel te gaan, omdat ze de weg van vernietiging gekozen hebben door het boze in zich.

Hoe worden dan ongeredde zielen geleid in het Onder graf, en hoe zullen ze daar gestraft worden? Ik zal tot in detail het

De Hel

Onder Graf uit leggen, welke tot de hel behoort en de identiteit van de boodschappers van de hel.

## 1. De boodschappers van de hel brengen mensen naar het onder Graf

Aan de ene kant, wanneer geredde mensen met geloof sterven, leiden twee engelen hen naar het boven graf, welke behoort tot de hemel. In Lucas 24:4, vinden twee wachtende engelen voor Jezus na Zijn begrafenis en opstanding. Aan de andere kant, wanneer een ongered persoon sterft, leiden twee boodschappers van de hel hem naar het Onder Graf. Het is normaal om te weten of een persoon op zijn of haar sterfbed, gered is of niet door de gezichtsuitdrukking van de persoon te observeren.

**Vlak voor de dood**

De geestelijke ogen van mensen worden geopend vlak voordat ze sterven. De persoon sterft vredevol met een glimlach wanneer hij of zij engelen ziet in het licht en het dode lichaam wordt niet snel stijf. Zelfs na twee of drie dagen, rot het dode lichaam niet of geeft een slechte geur, en de verschijning van de persoon ziet eruit alsof ze nog leven.

Hoe, verschrikkelijk en angstig moet het echter zijn voor ongeredde mensen om de vreselijke boodschappers van de hel te zien? Ze sterven in verschrikkelijke angst, niet in staat om hun

*Het onder graf en de identiteit van de boodschappers van de hel*

ogen te sluiten.

Wanneer de redding van iemand niet zeker is, vechten de engelen en de boodschappers van de hel met elkaar om zijn ziel te brengen naar hun respectievelijke plaats. Dat is de reden waarom de persoon zo angstig is tot de dood. Hoe angstig en vreselijk zou hij zijn wanneer de boodschappers van de hel aanklachten tegen hem uiten, en voortdurend zeggen, "Hij heeft geen geloof om gered te worden"?

Wanneer een persoon met een zwak geloof op zijn sterfbed is, zouden de mensen met een sterk geloof hem moeten helpen om meer geloof te hebben door aanbidding en lofprijs. Hij kan dan zelfs redding ontvangen op zijn sterfbed, door geloof te hebben, ondanks dat hij slechts ternauwernood redding ontvangt en eindigt in het Paradijs.

Je kan zien dat de persoon op zijn sterfbed vredevol wordt, omdat hij geloof ontvangt om gered te worden, terwijl mensen aanbidden en lofprijzen voor hem. Wanneer een persoon met een sterk geloof op zijn sterfbed is, hoef je hem niet te helpen om de te groeien of geloof te hebben. Het is dan beter om hem hoop en vreugde te geven.

## 2. Een wachtkamer naar de wereld van de boze geesten

Aan de ene kant, kan zelfs een persoon met een zeer zwak geloof redding vinden, wanneer hij geloof heeft door aanbidding en lofprijs op zijn sterfbed. Aan de andere kant, wanneer hij niet

# De Hel

gered is, leiden de boodschappers van de hel hem naar de wachtplaats die behoort tot het Onder Graf en hij moet zich schikken aan de wereld van de boze geesten.

Net zoals geredde zielen drie dagen hebben van aanpassen in het Boven Graf, verblijven ook de ongeredde zielen gedurende drie dagen in de wacht plaats die gelijkt op een grote put in het Onder Graf.

## Drie dagen van aanpassing in de wacht plaats

De wachtplaats in het Boven Graf, waar geredde zielen gedurende drie dagen verblijven, is vol van gejubel, vrede, en hoop voor het glorieuze leven wat voor hen ligt. De wacht plaats in het Onder Graf, is net het tegenovergestelde.

Ongeredde zielen, zullen leven in ondragelijke pijnen, ontvangende verschillende soorten van straffen overeenkomstig hun daden die ze deden in deze wereld. Voordat ze in het Onder Graf vallen, bereidden ze zichzelf voor op het leven in de wereld van boze geesten, in de wacht plaats gedurende drie dagen. Deze drie dagen in de wacht plaats zijn niet vredevol, maar enkel het begin van hun eeuwige pijnvolle leven.

Verschillende soorten vogels met grote en puntige snavels pikken op deze zielen. Deze vogels zijn heel lelijk en weerzinwekkende geestelijke voorwerpen in tegenstelling tot de vogels van deze wereld.

Ongeredde zielen zijn al gescheiden van hun lichamen en dus, denk je misschien dat ze geen pijn kunnen voelen. En toch kunnen deze vogels hen pijnigen in de wacht plaats omdat deze vogels in de wacht plaats ook geestelijke wezens zijn.

Iedere keer wanneer vogels op deze zielen pikken, worden hun lichamen verscheurd met bloed en de huid wordt ook verwijderd. De zielen proberen uit te wijken voor de pikkende vogels, maar ze kunnen niet. Ze vechten alleen maar en drukken het lichaam tegen de grond met geschreeuw. Soms, komen de vogels zelfs om hun ogen eruit te pikken.

## 3. De verschillende straffen in het onder graf voor verschillende zonden

Na drie dagen verblijven in de wacht plaats, worden de ongeredde zielen ondergebracht naar verschillende plaatsen van straffen in het Onder Graf overeenkomstig hun zonden van deze wereld. De hemel is heel ruim. De hel is ook heel ruim, er zijn talloze gescheiden plaatsen om ongeredde zielen in onder te brengen, zelfs in het Onder Graf, welke slechts een deel van de hel is.

### Verschillende plaatsen van straf

Het Onder Graf is volledig duister en vochtig, en zielen kunnen voelen dat het daar bloedheet is. Ongeredde zielen zullen daar continue gemarteld worden met slagen, gepik, en opengereten worden.

In deze wereld, wanneer je been of arm afgesneden is, moet je verder leven zonder je been of arm. Eens je sterft, zouden je angst en problemen weg zijn door je dood. In het Onder Graf, wanneer je nek wordt afgesneden, zal je nek opnieuw aangroeien. Zelfs wanneer een deel van je lichaam wordt afgesneden, wordt je lichaam spoedig weer een geheel. Net zoals je water niet kan snijden, zelfs niet met het scherpste zwaard, of mes, kan geen marteling, pikken, of opengereten lichaam een einde brengen aan de foltering.

Je ogen zullen herstellen spoedig nadat je gepikt bent door de vogels. Zelfs wanneer je gewond bent en je ingewanden eruit stromen, zal je snel herstellen. Je bloed zal vloeien zonder stoppen, terwijl je gemarteld wordt, maar je kan daar niet sterven, want je bloed zal aangevuld worden. Deze vreselijke patronen van foltering herhalen zich voortdurend.

Dat is de reden waarom er een rivier van bloed is die zijn oorsprong vindt in het bloed van de zielen in het Onder Graf. Herinner je dat een geest onsterfelijk is. Wanneer het herhaaldelijk gemarteld wordt voor eeuwig en eeuwig, duurt zijn pijn ook voor eeuwig. Zielen smeken voor de dood, maar ze kunnen niet en worden niet toegestaan om te sterven. Van eindeloze martelingen, is het Onder Graf vol van mensen die schreeuwen, kreunen en is er een bloederige rottende geur.

### Hartverscheurend geschreeuw in het Onder Graf

Ik veronderstel dat sommigen van jullie rechtstreeks een oorlog hebben ervaren. Zo niet, heb je misschien verschrikkelijke scènes gezien die het geschreeuw en de pijn weergeven in oorlogsfilmen of geschiedenis documentaires. Hier en daar waren er gewonde mensen. Sommigen van hen hadden hun armen en benen verloren. Hun ogen waren vernietigd en zelfs delen van hun hersenen waren uitgewist. Niemand wist wanneer geschut vuur zou regen op hem of haar. Die plaats is vol van de zeer benauwde rook van het geschut, bloederige geur, en geschreeuw. Mensen noemen zo'n gezicht misschien een "hel op aarde."

Deze rampzalige scene van het Onder Graf is echter veel ellendiger dan de ergste scene van enig strijdgebied van deze wereld. Bovendien, lijden de zielen in het Onder Graf niet alleen van de huidige marteling, maar ook door de angst voor de komende martelingen.

De marteling is te veel voor hen en ze proberen tevergeefs te ontsnappen. Bovendien, het enige wat hen te wachten staat zijn het onblusbare vuur en het zwavel van de diepere hel.

Hoe berouwvol en betreurend zullen de zielen zijn wanneer ze de brandende zwavel van de hel zien, zeggende, "Ik had het moeten geloven toen ze mij het evangelie verkondigden… Ik had niet moeten zondigen…!" Er is echter geen tweede kans en er is geen weg tot redding meer voor hen.

## 4. Lucifer in beheer van het onder graf

Iemand kan onmogelijk de soort en grote van de straffen van het Onder Graf bevatten. Net zoals de martelmethodes in deze wereld verschillen, kan hetzelfde gezegd worden over de martelingen in het Onder Graf.

De Hel

Sommigen zullen misschien lijden doordat hun lichaam verrot. Anderen lijden misschien omdat hun lichamen worden opgegeten of op gekauwd wordt en bloed uitgezogen wordt door verschillende insecten. Weer anderen worden tegen felbrandende hete stenen gedrukt of blijven staan op zand met temperaturen die zeven keer zo heet zijn dan degene van de stranden of woestijnen van deze wereld. In sommige gevallen, martelen de boodschappers van de hel zelf de zielen. Andere methodes van marteling bevatten water, vuur, en andere ondenkbare methodes en gereedschappen.

De God van liefde heerst niet over deze plaats voor ongeredde zielen. God heeft de boze geesten de autoriteit gegeven om te heersen over deze plaats. Het hoofd van alle boze geesten, Lucifer, heerst over het Onder Graf, waar ongeredde zielen zoals het kaf zullen verblijven. Er is geen genade of medelijden daar, en Lucifer heeft de controle over elk aspect van het Onder Graf.

**De identiteit van Lucifer, hoofd van alle boze geesten**

Wie is Lucifer? Lucifer is een van de aartsengelen geweest, die zeer geliefd was door God en Hij noemde hem de *"zoon des dageraads"* (Jesaja 14:12). Niet tegenstaande, rebelleerde hij tegen God en werd het hoofd van de boze geesten.

Engelen in de hemel hebben geen menselijkheid en vrije wil. Daarom kunnen ze geen dingen kiezen met hun wil, en volgen ze enkel bevelen op zoals robotten. God heeft echter enkele engelen menselijkheid gegeven om liefde met hen te delen.

Lucifer die zo'n engel was, was verantwoordelijk voor de hemelse muziek. Lucifer prees God met zijn mooie stem en muzikale instrumenten en behaagde God door te zingen tot de glorie van God.

Hij werd echter geleidelijk aan arrogant, vanwege Gods bijzondere liefde voor hem en zijn verlangen om hoger en krachtiger dan God te worden leidden hem uiteindelijk tot rebellie tegen Hem.

## Lucifer daagde God uit en rebelleerde tegen God

De Bijbel vertelt ons dat een enorme menigte van engelen, Lucifer volgden (2 Petrus 2:4; Judas 1:6). Er zijn ontelbare engelen in de hemel, en een derde van hen volgden Lucifer. Je kunt je wel voorstellen hoeveel engelen Lucifer aanhingen. Lucifer rebelleerde tegen God in zijn arrogantie.

Hoe was het mogelijk dat ontelbare engelen Lucifer volgden? Je kunt dit heel gemakkelijk begrijpen, wanneer je denkt over het feit dat engelen alleen maar bevelen gehoorzamen net zoals machines of robotten dat doen.

Ten eerste, won Lucifer de steun van enkele hoofdengelen, die onder zijn invloed waren, en hij won heel gemakkelijk de ondergeschikte engelen van die hoofdengelen.

Behalve de engelen, volgden de draken, en een deel van de cherubijnen onder de geestelijke wezens ook Lucifers rebellie. Lucifer, die God uitdaagde in zijn rebellie, werd na alles verslagen en uit de hemel, waar hij van oorsprong was, verworpen met zijn volgelingen. Toen werden zij gevangen gezet in de Abyss, totdat ze gebruikt werden voor de menselijke ontwikkeling.

> *"Hoe zijt gij uit de hemel gevallen, gij morgenster, zoon des dageraads; hoe zijt gij ter aarde geveld, overweldiger der volken! En gij overlegdet nog wel: Ik zal ten hemel opstijgen, boven de sterren Gods mijn troon oprichten en zetelen op de berg der samenkomst ver in het noorden; ik wil opstijgen boven de hoogten der wolken, mij aan de Allerhoogste gelijkstellen. Integendeel, in het dodenrijk wordt gij neergeworpen, in het diepste der groeve"* (Jesaja 14:12-15).

Lucifer was onbeschrijfelijk mooi, terwijl hij in de hemel was met Gods overstromende liefde. Na de rebellie, werd hij echter lelijk en vreselijk.

Mensen die hem zagen met hun geestelijke ogen, zeggen dat Lucifer zo lelijk is dat je de opstandigheid in hem ziet, alleen al als je hem ziet. Hij ziet er akelig uit met zijn onverzorgde haren, die geverfd zijn in verschillende kleuren zoals rood, wit en geel, die hoog in de lucht zweven.

Vandaag leidt Lucifer vele mensen tot het imiteren van hem in kleding en haarstijlen. Wanneer mensen dansen, zijn ze heel wild, rumoerig, en lelijk, wijzend met hun vingers.

Dit zijn de modeverschijnsels van onze tijd, die Lucifer creëert en ze verspreiden zich door de media en cultuur. Deze modeverschijnsels kunnen de emoties van mensen pijnigen en hen tot chaos leiden. Bovendien, misleiden deze mode trends mensen om zichzelf te verwijderen van God en Hem zelfs te verloochenen.

De kinderen van God zouden anders moeten zijn en niet in werelds trends moeten vervallen. Als je in de wereldse trends bent vervallen, zal je weg blijven van de liefde van God, omdat de wereldse trends je hart en gedachten wegleiden (1 Johannes 2:15).

## Boze geesten maken het Onder Graf tot een afschuwelijke plaats

Aan de ene kant, is de God van liefde, goedheid zelf. Hij bereidt alle dingen voor voor ons in Zijn wijze en goede gedachten en oordelen. Hij wil dat we eeuwig leven in uiterste blijdschap, in de mooie hemel. Aan de andere kant, is Lucifer het kwade zelf. De boze geesten, als volgelingen van Lucifer denken altijd hoe ze mensen nog meer kunnen kwellen. In hun kwade wijsheid, maken ze het Onder Graf tot een nog verschrikkelijkere plaats, door allerlei soorten martelmethodes te bedenken.

Zelfs in deze wereld, door de geschiedenis heen, bedenken mensen verschillende wrede manieren van marteling. Toen Korea onder de heerschappij van Japan viel, martelden de Japaners de Koreaanse leiders van de nationale onafhankelijkheidsbeweging door met een bamboe naald te prikken onder hun vingernagels, of hun vinger-of teennagels een voor een uit te trekken. Ze goten ook een mengsel van rode pepers en water in de ogen en neus, van de leiders van die beweging, terwijl ze onderste boven hingen.

# De Hel

Weerzinwekkende geuren van verbrand vlees overspoelden de martelkamer, omdat de Japanse folteraars, verschillende delen van hun lichaam verschroeiden met hete stukken metaal. Hun ingewanden gutsten op in hun magen, terwijl ze vreselijk geslagen werden.

Hoe martelden mensen misdadigers tijdens de Koreaanse geschiedenis? Ze draaiden de benen van een misdadiger ineen, als een vorm van marteling. De misdadiger werd gebonden ter hoogte van zijn enkels en knieën, en dan werden er twee stokken tussen zijn twee kuiten gezet. De botten in de benen van de misdadiger werden verbrijzeld wanneer de folteraar de twee stokken bewoog. Kan jij je voorstellen hoe pijnlijk dat geweest moet zijn?

De martelingen die door mensen toegediend worden zijn zo wreed als onze verbeelding ons kan brengen. Hoeveel te wreder en erger dan zal het zijn wanneer de boze geesten met veel meer krachtige wijsheid en bekwaamheid de ongeredde zielen folteren? Het is hun genoegen om verschillende manieren van foltering te ontwikkelen en de ongeredde zielen tot hun voorwerp te maken.

Dat is de reden waarom je de wereld van de boze geesten moet kennen. Dan kan je over hen heersen, controleren en overwinnen. Je kunt hen gemakkelijk verslaan wanneer je jezelf heilig bewaard en rein, zonder een compromis te sluiten met de patronen van de wereld.

## 5. De identiteit van de boodschappers van de hel

Wie zijn deze boodschappers van de hel die de ongeredde mensen folteren in het Onder Graf? Zij zijn de gevallen ondergeschikte engelen, die Lucifer gevolgd hebben in rebellie, voordat de wereld begon.

*en dat Hij engelen, die aan hun oorsprong ontrouw werden en hun eigen woning verlieten, voor het oordeel van de grote dag met eeuwige banden onder donkerheid heeft bewaard gehouden* (Judas 1:6).

De gevallen engelen kunnen niet vrijelijk van de wereld weg komen, omdat God hen gebonden heeft in de duisternis tot het Oordeel van de grote witte troon. Sommige mensen beweren dat demonen de gevallen engelen zijn, maar dat is niet waar. Demonen zijn de ongeredde zielen die vrijgelaten worden van het Onder Graf om hun werk te doen, onder bijzondere omstandigheden. Dit zal ik tot detail uitleggen in hoofdstuk 8.

### Engelen die gevallen zijn met Lucifer

God heeft de gevallen engelen gebonden in de duisternis – de hel – tot het Oordeel. Dus de gevallen engelen kunnen niet tot de wereld komen, behalve in uitzonderlijke gevallen.

Ze waren heel mooi, totdat ze rebelleerden tegen God. De boodschappers van de hel zijn noch mooi noch stralend geweest,

sinds hun val en hun vervloeking.
Ze zien er zo vreselijk uit dat je er weerzin van krijgt. Hun beeld gelijkt op de gezichten van mensen, of ze dragen een masker van verschillende afschuwelijke dieren.
Hun verschijningen zijn gelijk aan die van afschuwelijke dieren zoals varkens, wat geschreven staat in de Bijbel (Leviticus 11). Maar ze hebben vervloekte en lelijke beelden. Ze versieren hun lichamen ook met potsierlijke kleuren en patronen.
Ze dragen een ijzeren wapenrusting en militaire schoenen. Scherpe instrumenten van marteling zijn stevig vast gemaakt aan hun lichamen. Ze hebben vaak een mes, een speer of een zweep in hun handen.
Ze nemen een dominerende houding aan en je kunt hun sterke kracht voelen, wanneer ze bewegen, omdat ze hun gehele kracht en autoriteit uitoefenen in de duisternis. De mensen zijn zeer angstig voor demonen. Maar de boodschappers van de hel zijn veel erger dan demonen.

### De boodschappers van de hel folteren zielen

Wat is nu precies de rol van de boodschappers van de hel? Allereerst is het om de ongeredde zielen te folteren, terwijl zij waken over de hel.
Meer expliciete folteringen gemaakt door de boodschappers van de hel, zijn voorbestemd voor degene die zwaardere straffen krijgen in het Onder Graf. Bijvoorbeeld, de boodschappers, die maskers dragen van vuile varkens, snijden de lichamen van zielen in sneetjes of blazen ze op als een ballon en knallen ze dan of

*Het onder graf en de identiteit van de boodschappers van de hel*

slaan ze.

Bovendien, folteren ze mensen met verschillende methodes. Zelfs kinderen kunnen niet buiten deze folteringen. Wat onze geest gebroken maakt, is het feit dat de boodschappers van de hel onze kinderen doorprikken of slaan ter vermaak. Daarom zou je je best moeten doen om te voorkomen dat ook maar een ziel in de hel valt, welke wreed, ellendig en verschrikkelijk is, een plaats gevuld met eeuwige pijn en lijden.

Ik was aan het randje van de dood door buitengewone stress en overwerk in 1992. Op dat moment, toonde God mij vele van mijn gemeenteleden, die de patronen van deze wereld volgden. Ik wilde heel graag naar de Here toe gaan, totdat ik dit beeld zag. Maar ik kon niet langer verlangen om bij de Here te zijn, omdat ik wist dat vele van mijn schapen in de hel zouden vallen.

Dus veranderde ik mijn gedachten en vroeg God om mij op te wekken. God gaf mij kracht in één ogenblik en tot mijn verbazing, was ik in staat om op te staan van mijn sterfbed en werd ik volledig gezond. De kracht van God heeft mij opgewekt. Omdat ik zo goed weet en veel weet over de hel, verkondig ik ijverig de geheimen van de hel, die God mijn geopenbaard heeft, in de hoop ook maar een ziel meer te kunnen redden.

## Hoofdstuk 4

## De straffen in het onder graf voor ongeredde kinderen

1. Foetussen en zuigelingen
2. Peuters
3. Kinderen oud genoeg om te wandelen en te praten
4. Kinderen vanaf zes tot twaalf jaar
5. Jongelingen die spotten met de profeet Elisa

"De dood overvalle hen,
laten zij levend in het dodenrijk neerdalen;
want boosheid is in hun woning, in hun binnenste."
- Psalm 55:16 -

"Vandaar ging hij naar Betel. En toen hij de weg opklom,
kwamen er kleine knapen uit de stad,
die de spot met hem dreven en hem toeriepen:
'Kom op, kaalkop! Kom op, kaalkop!' Toen wendde hij zich om,
zag hen en vervloekte hen in de naam des Heren.
Toen kwamen er twee berinnen uit het woud
en verscheurden tweeënveertig van die kinderen."
- 2 Koningen 2:23-24 -

*De straffen in het onder graf voor ongeredde kinderen*

In het voorgaande hoofdstuk, heb ik beschreven hoe de gevallen aartsengel Lucifer de hel regeert en hoe andere gevallen engelen onder de heerschappij van Lucifer regeren. De boodschapper van de hel martelt ongeredde overeenkomstig hun zonden. In het algemeen is de straf in het onder graf in vier niveaus verdeeld. De minste straf word toebedeeld aan mensen die in de hel vallen als gevolg van voortdurend oordeel van het geweten. De zwaarste straf wordt toegediend aan de mensen wiens geweten gemerkt zijn als met een heet ijzer en die God geconfronteerd hebben zoals Judas Iskariot dat deed, door Jezus te verkopen voor zijn persoonlijke voordeel.

In latere hoofdstukken zal ik tot in detail uitleggen de verschillende soorten straffen die toegediend zullen worden aan de ongeredde zielen in het Onder Graf, welke behoort tot de hel. Voordat we dieper ingaan over de straffen die toegediend zullen worden aan de volwassenen, zal ik eerst de verschillende soorten straffen beschrijven die toegediend zullen worden aan de ongeredde kinderen, onder te verdelen in verschillende leeftijdsgroepen.

## 1. Foetussen en zuigelingen

Zelfs een gedachteloos kind kan naar het Onder Graf gaan als hij niet goed door het oordeel van het geweten komt, vanwege de zondevolle natuur in hem, die hij geërfd heeft van zijn ongelovige ouders. Het kind zal een redelijke lichte straf krijgen, omdat zijn zonde weinig zijn ten opzichte van die van

## De Hel

een volwassene, maar hij zal toch honger en ondragelijke pijn lijden.

### Zuigelingen huilen en lijden van honger

Spenende baby's die niet kunnen lopen of praten worden afscheiden en opgesloten in een grote plaats. Ze kunnen niet zelfstandig denken, bewegen of lopen, omdat ongeredde baby's dezelfde gelaatstrekken en geweten blijven handhaven als die zij bezitten op het moment van hun dood.

Bovendien, weten zij niet waarom zij in de hel zijn, omdat ze geen enkele kennis hebben opgenomen in hun hersenen. Ze huilen, van nature, alleen van de honger, zonder hun vader of moeder te kennen. Een boodschapper van de hel, prikt in de buik, armen, benen, ogen, vingernagel, of teennagels met een scherp voorwerp, wat gelijkt op een handboortje. De baby's schreeuwen het dan uit en de boodschappers van de hel lachen de baby's uit met plezier. Ondanks dat ze voortdurend huilen, is er niemand die voor deze baby's zorgt. Ze huilen voortdurend door vermoeidheid en hevige pijn. Bovendien, vergaderen de boodschappers van de hel zich daar, en nemen een baby op, blazen lucht in de baby zoals een ballon. Ze gooien, schoppen of spelen met de baby voor vermaak. Hoe wreed en verschrikkelijk is dit?

### Verlaten foetussen worden beroofd van warmte en geborgenheid

Wat is het lot van foetussen die sterven voordat ze geboren

worden? Zoals ik al eerder heb uitgelegd, zijn de meeste van hen gered, maar er zijn enkele uitzonderingen. Sommige foetussen kunnen niet gered worden, omdat ze tijdens de bevruchting de ergste natuur van hun ouders hebben geërfd, die zich behoorlijk tegen God gekeerd hebben en buitengewone slechte daden hebben gedaan. De zielen van ongeredde foetussen worden ook opgesloten in een plaats, zoals die van de spenende baby's.

Ze worden niet zo erg gefolterd als de zielen van de oudere mensen, omdat ze geen geweten hebben en niet gezondigd hebben voordat ze stierven. Hun straf en vloek zijn dat ze verlaten zijn zonder de warmte en geborgenheid die ze voelen in hun moeders baarmoeder.

### Lichaamsgeraamtes in het Onder Graf

In welke vormen zijn de ongeredde zielen in het Onder Graf? Aan de ene kant, wanneer een spenend kind sterft, wordt hij daar opgesloten in de vorm van een spenend kind. Wanneer een foetus sterft in de baarmoeder van zijn moeder, wordt hij in het Onder Graf opgesloten in de vorm van een foetus. Aan de ene kant, zullen de geredde zielen een nieuw verheerlijkt lichaam aan doen, bij Jezus Christus wederkomst, ondanks dat ze dezelfde vorm hebben als in deze wereld. Op dat moment, zal iedereen veranderd worden in een mooi 33-jarig persoon, zoals de Here Jezus en zullen een geestelijk lichaam krijgen. Een klein persoon, zal de meest optimale lengte hebben en een persoon die een been of arm mist, zal al zijn of haar lichaamsdelen bezitten.

Ongeredde zielen in de hel, kunnen geen nieuw verheerlijkt

lichaam aantrekken na de Tweede wederkomst van de Here. Ze kunnen niet opstaan, omdat ze niet het leven hebben verkregen door Jezus Christus en dus, blijven ze in de vorm die ze hadden voordat ze stierven. Hun gezichten en lichamen zijn dof, en donkerblauw – zoals lijken – en hun haren zijn onverzorgd vanwege de verschrikkingen van de hel. Sommigen dragen vodden, anderen slechts een paar kledingsstukken, en weer anderen hebben niets om hun lichaam te bedekken.

In de hemel, dragen de geredde zielen mooie witte kleden en stralende kronen. Bovendien, verschillen de glans van de kleden en de versieringen overeenkomstig iemands glorie en beloning. In tegenstelling tot de hel, is de verschijning van de ongeredde zielen verschillend van de grootheid en soort van zonde.

## 2. Peuters

Pasgeboren baby's groeien en leren om te staan, te waggelen, en een paar woorden te uiten. Wanneer deze peuters sterven, welke straffen zullen op hen worden toegediend?

Ook de peuters worden ondergebracht in een plaats. Ze lijden instinctmatig, omdat ze niet in staat zijn om logisch te denken of dingen nauwkeurig te beoordelen wanneer ze sterven.

**Peuters schreeuwen voor hun ouders in ondragelijke verschrikking**

Peuters zijn slechts twee of drie jaar oud. Dus ze herkennen zelfs hun dood niet en weten niet waarom ze in de hel zijn, maar ze herinneren wel hun vader en moeder. Dat is de reden waarom ze herhaaldelijk schreeuwen, "Waar ben je mama? Papa? Ik wil naar huis! Waarom ben ik hier?"

Terwijl ze in deze wereld leefden, kwamen hun moeders snel en drukten hen dicht aan hun boezem, wanneer ze bijvoorbeeld vielen of hun knie geschaafd hadden. Hun moeders, komen echter niet om hen te vertroosten, ondanks dat ze roepen en schreeuwen terwijl hun lichaam onder het bloed is. Huilt een kind niet in angst wanneer het zijn moeder kwijt is in de winkel of een ander warenhuis?

Ze kunnen hun ouders niet vinden, die hen zullen beschermen van deze verschrikkelijke hel. Dit feit alleen is al angstaanjagend genoeg om hen in ondragelijke verschrikking te leiden. Bovendien, dwingen bedreigende stemmen en grotesk gelach van de boodschappers van de hel, de baby's om nog harder te huilen, maar dat alles is tevergeefs.

Als tijdverdrijf, slaan de boodschappers van de hel de peuters op de rug, en vertrappen of geselen hen. De peuters, in shock en pijn, proberen te kruipen of van ze weg te lopen. In zo'n drukke plaats is het echter niet mogelijk voor de peuters om weg te lopen en in een warboel van tranen en snotteren, zitten ze verward met elkaar, en worden ze vertrapt, en verbrijzeld en verscheurd, waardoor er overal in de plaats bloed ligt. Onder deze verschrikkelijke omstandigheden, huilen kinderen voortdurend, omdat ze verlangen naar hun moeders, honger hebben en verschrikt zijn. Deze toestanden, alleen, zijn al een "hel" voor deze baby's.

De Hel

Het is bijna onmogelijk voor kinderen van twee of drie jaar om erge zonde of misdaden te doen. Ondanks dit feit, worden ze op deze wijze ellendig gestraft, mede door hun oorspronkelijke zonden en zelf gedane zonden. Hoeveel te meer zullen volwassenen gestraft worden in de hel, die ernstigere zonden gedaan hebben dan deze kinderen?

Iedereen kan echter vrij zijn van de straffen van de hel, enkel door Jezus Christus te aanvaarden die stierf aan het kruis en ons heeft verlost, en in het licht leeft. Hij kan in de hemel geleid worden daar hij vergeven is van zijn zonde uit het verleden, het heden en de toekomst.

## 3. Kinderen oud genoeg om te wandelen en te praten

Peuters, die beginnen te lopen en een of twee woorden zeggen, lopen en spreken goed wanneer ze de leeftijd van drie jaar bereiken. Wat voor soort straffen zullen deze peuters, van drie tot vijf jaar ontvangen, in het Onder Graf?

### De boodschappers van hel achtervolgen hen met speren

Kinderen met de leeftijd van drie tot vijf jaar worden afgescheiden in een donkere en grote ruimte om daar gestraft te worden. Ze rennen weg met al hun kracht, waar ze ook maar kunnen om zo de boodschappers van de hel te ontwijken die hen achtervolgen met drietandige speren in hun handen.

Een drietandige speer, is een speer waarvan het einde verdeeld is in drie delen. De boodschappers van de hel achtervolgen de zielen van deze kinderen, en doorsteken ze met de speer zoals een jager jaagt op het wild. Tenslotte, bereiken deze kinderen een steile rotswand, en ver beneden zien ze kokend water, zoals lava van een actieve vulkaan. Eerst aarzelen deze kinderen om naar beneden te springen van de steile rotswand, maar worden gedwongen om te springen in het kokende water om de boodschappers te mijden, die achter hen jagen. Ze hebben geen andere optie.

### Ze worstelen om uit het kokende water te komen

De kinderen kunnen het doorsteken van de speren die in de handen van de boodschappers van de hel zijn, ontwijken, maar nu zijn ze in kokend water. Kan jij je voorstellen, hoe pijnlijk dat moet zijn? De kinderen worstelen om hun gezichten boven water te houden, omdat het anders hun mond en neus binnenkomt. Wanneer de boodschappers dat zien, plagen ze de kinderen, zeggend "Is dat niet leuk?" of "Oh, dit is zo heerlijk!" Dan schreeuwen de boodschappers, "Wie liet deze kinderen in de hel vallen? Laat ons hun ouders ook op de weg van de dood leiden, en hen laten zien hoe hun kinderen lijden en gefolterd worden!"

Net op het moment, dat de kinderen worstelen om het kokende water te ontvluchten, worden ze gevangen genomen in een groot net, zoals een visvangst en worden ze terug gebracht naar het begin van het proces, waar ze begonnen met weg te lopen. Vanaf dit moment, begint het pijnlijke proces voor de

# De Hel

kinderen opnieuw, om weg te lopen voor de boodschappers van de hel, die hen achtervolgen met speren, het springen in kokend water, het wordt keer op keer herhaald zonder einde.

Deze kinderen zijn slechts drie tot vijf jaar oud; ze kunnen niet zo goed lopen. En toch proberen ze zo hard mogelijk te lopen om de achtervolgende boodschappers van de hel, die hen achtervolgen met speren, te ontwijken en tot de rotswand te komen. Ze springen naar beneden in het kokende water en beginnen opnieuw te worstelen om eruit te komen. Ze worden dan opnieuw gevangen in een groot net en terug gebracht naar het begin. Deze routine wordt eindeloos herhaalt. Hoe ellendig en tragedies is dit!

Heb jij ooit je vinger wel eens verbrand aan een heet ijzer of een kokende pan? Misschien weet je dan nog wel hoe pijnlijk dat was? Veronderstel je nu, dat je hele lichaam ondergedompeld wordt met kokend water, of dat je doorweekt wordt met heet water, in een grote pot. Het is heel pijnlijk en verschrikkelijk, om er ook maar aan te denken.

Als je ooit een derdegraads brandwond hebt gehad, zal je je nog wel herinneren hoe pijnlijk dat was. Je herinnert je misschien ook nog wel de rode inwendige vlees, en de vreselijke en vieze geur van de rottende, dode cellen in die brandwond.

Zelfs wanneer de brandwond genezen is, blijven er vaak lelijke littekens over. De meeste mensen vinden het moeilijk om om te gaan met mensen die zulke littekens hebben. Soms, vinden zelfs de familieleden van het slachtoffer het moeilijk om met hen te dineren. Gedurende de behandeltijd, kan de patiënt waarschijnlijk niet uitstaan wanneer aan de verbrande huid gekomen wordt en in het ergste geval ontwikkelt zo'n patiënt mentale wanorde of pleegt zelfmoord, vanwege de verstikkende sensatie en de angst die betrokken is tijdens deze behandeling. Wanneer een kind een brandwonde heeft, voelt het hart van zijn ouders ook de pijn.

En toch, de ergste pijn in deze wereld is niet te vergelijken met de straffen die de ongeredde zielen van de peuters herhaaldelijk, zonder einde, zullen ontvangen in de hel. De grootte van de pijn en de wreedheid van deze straffen die op deze kinderen geworpen worden in de hel gaat gewoonweg elke veronderstelling te boven.

**Nergens een plaats om heen te rennen of te schuilen van deze terugkerende straffen**

De kinderen rennen en rennen om de boodschappers van de hel te ontwijken, die hen achtervolgen met drietandige speren in hun handen, en ze vallen van een doodlopend steile rotswand in het kokende water. Ze worden volledig ondergedompeld in het kokende water. Het kokende water blijft aan het lichaam kleven als vloeibaar lava en ruikt vreselijk. Bovendien, komt het weerzinwekkende en klevende kokend water hun neus en mond binnen, terwijl ze worstelen om uit het meer van kokend water te komen. Hoe kan dit vergeleken worden met enige brandwond in deze wereld, ongeacht hoe ernstig het mag zijn?

De gevoelens van deze kinderen verzwakken niet, zelfs al gaan ze herhaaldelijk, zonder enige pauze door de folteringen.

De Hel

Ze kunnen niet boos worden, flauwvallen om het te vergeten of zich niet bewust zijn van de pijn, zelfs niet voor een korte periode, noch zelfmoord plegen om de pijn van de hel te ontwijken. Hoe ellendig is dit!

Dit is hoe kinderen van ongeveer drie, vier of vijf jaar zullen lijden van zulke hevige pijnen in het Onder Graf, als een straf voor hun zonden. Kan jij, je dan mogelijk voorstellen het soort en grootte van straffen die verzameld zijn voor oudere mensen in andere delen van de hel?

## 4. Kinderen vanaf zes tot twaalf jaar

Welke soorten van straffen zullen toegediend worden aan de ongeredde kinderen van zes tot twaalf jaar in het Onder Graf?

### Begraven door een rivier van bloed

Sinds de schepping van de wereld, hebben ontelbare ongeredde zielen hun bloed laten vloeien, terwijl ze verschrikkelijk gefolterd worden in het Onder Graf. Hoeveel bloed zou er gevloeid zijn vooral sinds hun armen en benen steeds opnieuw herstellen, zodra ze afgesneden zijn?

De hoeveelheid van hun bloed is voldoende om een rivier te creëren, omdat hun straf zich herhaald, zonder einde, ongeacht de hoeveelheid bloed er gevallen is. Zelfs in deze wereld, na een grote oorlog of bloedbad, vormt het bloed van mensen een klein meertje of een kleine stroom. In zo'n geval, is de lucht gevuld met een vreselijke geur wat komt door het rottende bloed. Op hete zomerdagen, is de stank nog erger, en komen er allerlei zwermen van schadelijke insecten en infecties worden epidemieën.

In het Onder Graf van de hel, is er geen klein meertje of een kleine stroom, maar een brede en diepe rivier van bloed. Kinderen van de leeftijd van zes tot twaalf worden gestraft aan de rivierzijden en worden daar begraven. Des te ernstiger de zonde die ze gedaan hebben, des te dichter en dieper ze begraven worden bij de rivier.

## In de grond graven

De kinderen die ver van de rivier van bloed verwijderd zijn, worden niet in de grond begraven. Maar toch zijn ze zo hongerig dat ze blijven graven in de harde grond met hun blote handen, op zoek naar iets om te eten. Ze graven wanhopig, maar tevergeefs, totdat ze hun vingernagels verliezen en hun vingertoppen stompjes worden. Hun vingers verslijten helemaal totdat ze ongeveer de helft van de oorspronkelijke grote zijn en zijn volledig bedekt met bloed. Zelfs de beenderen van hun vingers komen te voorschijn. Uiteindelijk verslijten de handpalmen helemaal alsook hun vingers. En toch, ondanks deze pijn, worden deze kinderen gedwongen om te graven, in een te vergeefse hoop op het vinden van voedsel.

Wanneer je dichterbij de rivier komt, kan je zien dat de kinderen bozer zijn. Des te bozer de kinderen zijn, des te dichter ze bij de rivier geplaatst worden. Ze vechten zelfs met elkaar om het vlees van elkaar op te eten, vanwege buitengewone honger,

## De Hel

terwijl ze begraven worden tot op heuphoogte in de grond.
De meeste boze kinderen worden gestraft, vlakbij de oevers van de rivier en ze worden begraven tot de nek in de grond. Mensen in deze wereld, sterven uiteindelijk, wanneer ze tot de nek begraven worden in de grond, omdat het bloed niet door het lichaam kan circuleren. Het feit dat er daar geen dood is, betekend enkel eindeloze verschrikking voor de ongeredde zielen in de hel.
Ze lijden van de vreselijke geur van de rivier. Allerlei schadelijke insecten, zoals muskieten of vliegen van de rivier, bijten in de gezichten van de kinderen, maar ze kunnen de insecten niet doodslaan, omdat ze in de grond begraven zijn. Uiteindelijk zwelt hun gezicht zo op, dat ze niet langer herkenbaar zijn.

### Ellendige kinderen: speelgoed van de boodschappers van de hel

Dit betekent totaal niet het einde van het lijden van deze kinderen. Hun oortrommels scheuren vanwege het luidde gelach van de boodschappers van de hel, terwijl zij rusten aan de oevers van de rivier, lachen en praten zij tegen elkaar. De boodschappers van de hel, terwijl ze rusten, schoppen of zitten op de hoofden van deze kinderen die in de grond begraven zijn.
De kleren en schoenen van de boodschappers van de hel zijn toegerust met scherpe voorwerpen. Dus de hoofden van deze kinderen, worden verbrijzeld, hun gezichten verscheurd, of hun haren worden met hele plukken uitgetrokken, wanneer de

boodschappers stampen of zitten op deze kinderen. Bovendien, snijden de boodschappers in het gezicht van de kinderen of vertrappen hun hoofden onder hun voeten. Welke wrede straf is dit?

Je vraagt je misschien af, "Is het mogelijk voor kinderen van de lagere school om voldoende te zondigen om zo'n wrede straf te ontvangen?" Hoe jong deze kinderen echter ook mogen zijn, ze hebben de oorspronkelijke zonde en de zonde die ze opzettelijke gedaan hebben, de geestelijke wet, welke vermeld, "het loon van de zonde is de dood," wordt universeel toegepast aan ieder persoon ongeacht zijn of haar leeftijd.

## 5. Jongelingen die spotten met de profeet Elisa

2 Koningen 2:23-24 geeft een voorval weer waarin de profeet Elisa van Jericho naar Betel ging. Terwijl de profeet onderweg was, kwamen er enkele knapen vanuit de stad, en zij bespotten hem, zeggende, "Kom op kaalkop!" Niet langer in staat om dit aan te horen, vervloekte Elisa uiteindelijk de kinderen. Twee berinnen kwamen en "verscheurden tweeënveertig" van deze kinderen. Wat denk je gebeurde er met de tweeënveertig kinderen in het Onder Graf?

**Begraven tot aan hun nek**

Twee berinnen verscheurden tweeënveertig kinderen. Je kan je wel voorstellen hoeveel kinderen de profeet volgden en bespotten. Elisa was een profeet die vele krachtige werken van God verrichtte. Met andere woorden, Elisa zou ze niet vervloekt hebben, als ze hem enkel met een paar woorden hadden bespot.

Ze bleven hem volgen en bespotten, zeggend, "Kom op kaalkop!" Bovendien, gooiden ze ook stenen naar hem en prikten hem met stokken. De profeet Elisa moet ze ernstig gewaarschuwd hebben en hen een uitbrander gegeven hebben, maar hij vervloekte hen, omdat ze te goddeloos waren om vergeven te worden.

Dit voorval vond plaats enkele duizenden jaren geleden, toen de mensen een veel beter geweten hadden en het kwade niet zo overheerste zoals nu, in onze tijd. Deze kinderen moesten goddeloos genoeg zijn om te spotten en te lachen met een oude profeet, zoals Elisa, die de krachtige werken van God verrichtte.

In het Onder Graf, worden deze kinderen dichtbij de rivier van bloed gestraft, terwijl ze tot hun nek begraven zijn. Ze stikken door de vreselijke geur van de rivier, en worden door allerlei schadelijke insecten gebeten. Bovendien, worden ze wreed gefolterd door de boodschappers van de hel.

### Ouders moeten hun kinderen richting geven

Hoe gedragen de kinderen van deze tijd zich? Sommige van hen laten hun vrienden in de kou staan, stelen hun zakgeld of lunchgeld, slaan ze, of maken brandwonden met sigarettenpeuken. – dat allemaal omdat ze hen niet leuk vinden. Sommige kinderen plegen zelfs zelfmoord, omdat ze het niet langer kunnen verdragen om zo herhaaldelijk en wreed behandeld te worden. Andere

*De straffen in het onder graf voor ongeredde kinderen*

kinderen vormen georganiseerde bendes, wanneer ze nog maar in de middelbare school zijn en doden zelfs mensen, en imiteren een bekende misdadiger.

Daarom moeten ouders hun kinderen op zo'n wijze opvoeden om te voorkomen dar ze deze patronen van deze wereld gaan volgen en hen in plaats daarvan laten ontwikkelen om een getrouw leven te leven, en God te vrezen. Hoe vreselijk erg zou je het vinden, wanneer je de hemel binnengaat en je kind ziet, die gefolterd wordt in de hel? Het is zo afgrijselijk om er zelfs maar aan te denken.

Dus, u behoort uw kostbare kinderen op te voeden om te leven in geloof overeenkomstig de waarheid. Bijvoorbeeld, u zou u kind moeten onderwijzen om niet te praten of te rennen tijdens aanbiddingdiensten, maar te bidden en te prijzen met hun hele hart, gedachte en ziel. Zelfs zuigelingen, die niet begrijpen wat hun moeders zeggen, slapen goed wanneer hun moeders voor hen bidden en hen opvoeden in geloof. Deze baby's zullen ook beloond worden in de hemel, overeenkomstig hun gedrag.

Kinderen van de leeftijd van drie of vier jaar kunnen God aanbidden en bidden, wanneer hun ouders hen onderwijzen om het een regel te maken. Afhankelijk van de leeftijd, kan de diepte van het gebed verschillen. De ouders kunnen hun kinderen onderwijzen om hun gebedstijd beetje bij beetje te verlengen, bv. Eerst van vijf naar 10 minuten, tot 30 minuten, tot een uur, enzovoort.

Hoe jong deze kinderen ook zijn, wanneer de ouders hen het woord onderwijzen overeenkomstig hun leeftijd en het niveau

## De Hel

van begrip, en hen inlichten om zo te leven, zullen de kinderen vaak proberen om het woord van God toe te passen en te leven op een wijze om, Hem te behagen. Ze zullen zich ook bekeren en hun zonden belijden in tranen, wanneer de Heilige Geest in hen werkt. Ik spoor u aan om hen concreet te onderwijzen wie Jezus Christus is en hen te leiden om te groeien in geloof.

*Hoofdstuk 5*

## De straffen voor de mensen die sterven na hun puberjaren

1. Het eerste niveau van straf
2. Het tweede niveau van straf
3. De straf voor farao
4. Het derde niveau van straf
5. De straf voor Pontius Pilatus
6. De straf voor Saul, de eerste koning van Israel
7. Het vierde niveau van straf voor Judas Iskariot

"Uw trots is in het dodenrijk neergeworpen,
de klank uwer harpen; het gewormte ligt onder
u gespreid en maden zijn uw bedekking."
- Jesaja 14:11 -

"Gelijk een wolk verdwijnt en wegdrijft,
zo stijgt wie in het dodenrijk nederdaalt,
niet weer op."
- Job 7:9 -

*De straffen voor de mensen die sterven na hun puberjaren*

Iedereen die de hemel binnengaat zal verschillende beloningen en heerlijkheid ontvangen overeenkomstig aan zijn daden in dit leven. Omgekeerd, worden er verschillende straffen toegediend aan een persoon in het Onder Graf, overeenkomstig zijn boze daden in zijn leven. De mensen in de hel lijden aan enorme blijvende pijnen, en de ernst van de pijn en de angst verschilt van elkaar, overeenkomstig hun eigen daden in dit leven. Een mens, of hij nu eindigt in de hemel of de hel, zal oogsten datgene wat hij gezaaid heeft.

Des te meer zonden je gedaan hebt, des te dieper het deel van de hel zal zijn waar je binnen zal gaan en hoe zwaarder je zonden waren, des te kwellender je pijn zal zijn in de hel. Afhankelijk van hoe tegenstellend iemands hart van God is – met andere woorden, hoeveel iemand de zondevolle natuur van Lucifer evenaart – zal de ernst van de straffen overeenkomstig toegediend krijgen.

Galaten 6:7-8 zegt ons, *"Dwaalt niet, God laat niet met Zich spotten. Want wat een mens zaait, zal hij ook oogsten. Want wie op (de akker van) zijn vlees zaait, zal uit zijn vlees verderf oogsten, maar wie op (de akker van) de Geest zaait, zal uit de Geest eeuwig leven oogsten."* Op deze wijze zal je zeker oogsten wat je gezaaid hebt.

Wat voor soort straffen zullen mensen, die sterven na hun tienerjaren ontvangen in het Onder Graf? In dit hoofdstuk, zal ik vier niveaus van straffen bespreken, die toegediend worden aan de zielen in het Onder Graf, overeenkomstig hun daden in dit leven. Even terzijde, begrijp alstublieft dat ik niet kan voorzien van levendige details, omdat er dan een extra gewicht aan uw

# De Hel

vrees zou toegevoegd worden.

## 1. Het eerste niveau van straf

Sommige zielen worden gedwongen om op zand te staan, wat zeven maal heter is dan het zand van de woestijnen of stranden van deze wereld. Ze kunnen niet vluchten van het lijden, omdat het lijkt alsof ze staan in het midden van een grote woestijn.

Heb jij ooit gewandeld op brandend heet zand, op blote voeten, tijdens een hete zomerse dag? Je kan niet eens de pijn verdragen, zelfs als je probeert te wandelen op blote voeten op een hete, zomerse dag, gedurende tien of vijftien minuten. Het zand van de tropische werelddelen is veel heter. Herinner dat het zand in het Onder Graf zeven keer heter is dan het heetste zand op aarde.

Tijdens mijn pelgrimstocht naar het Heilige Land, in plaats van in een wagentje te stappen, probeerde ik te lopen op een asfaltweg op weg naar de Dode Zee. Ik begon snel te lopen met twee andere pelgrims die mij vergezelden op mijn reis. Eerst, was er geen pijn, maar ongeveer halverwege, kon ik een brandend gevoel voelen aan mijn beide voetzolen. Ondanks dat we wilden vluchten, was er geen plaats om heen te gaan; aan beide zijden van de weg waren kiezelvelden, die net zo heet waren.

We eindigden aan de andere kant van de weg, waar we onze voeten konden dompelen en weken in het koude water van een zwembad, wat vlakbij lag. Gelukkig had niemand van ons zich verbrand. We hadden maar tien minuten gelopen, en het was voldoende om ondragelijke pijn te veroorzaken. Stel je voor, dat je gedwongen wordt om eeuwig te staan op zand, wat zeven keer heter is dan enig zand hier op aarde. Ongeacht hoe ondragelijk heet het zand is, er is geen enkele mogelijkheid van vermindering of einde van de straf. En toch, is dit de lichtste straf in het Onder Graf.

Een andere ziel wordt op andere wijze gefolterd. Hij wordt gedwongen om op een zware steen te gaan liggen, welke roodheet verhit is, en ontvangt de straf van voortdurend geroosterd te worden zonder einde. De voorstelling lijkt op vlees wat gekookt wordt op een bloedhete gril. Op dat moment, valt er een andere roodhete steen op zijn lichaam, verbrijzeld het en alles wat erin is. Veronderstel dat je een kledingstuk strijkt: De strijkplank is de steen waar het kledingstuk – de veroordeelde ziel – op ligt, en het strijkijzer is de tweede steen die op het kledingstuk drukt.

De hitte is één deel van de foltering; maar lichaamsdelen die verbrijzeld worden is iets totaal anders. Ledematen worden in stukken vernietigd door de druk tussen de stenen. De kracht is sterk genoeg om zijn ribben te breken en de ingewanden te vernietigen. Wanneer zijn schedel wordt verbrijzeld, springen zijn oogballen er uit en alle vloeistof van hersenen komt eruit.

Hoe kan zijn lijden beschreven worden? Ondanks dat hij een ziel is zonder lichamelijke vorm, kan hij toch voelen en heel veel pijn lijden, net zoals hij kon voelen tijdens zijn leven. Hij verblijft voor eeuwig in pijn. Tezamen met het gegil van de andere zielen die gefolterd worden, is deze ziel gevallen in zijn eigen angst, horror, geklaag en schreeuwt uit, "Hoe kan ik aan deze foltering

De Hel

ontkomen?"

## 2. Het tweede niveau van straf

Door het verhaal van de rijke man en Lazarus in Lucas 16:19-31, kunnen we een beetje zien van de ellende van het Onder Graf. Door de kracht van de Heilige Geest, heb ik het weeklagen gehoord van een man die gefolterd werd in het Onder Graf. Door te luisteren naar de volgende belijdenis, bid ik dat je wakker zal worden uit je geestelijke slaap.

Ik wordt hier en daar voortgesleept
Maar er is geen einde.
Ik ren en ren, maar er is geen einde.
Ik kan nergens een schuilplaats vinden
Mijn huid wordt afgestroopt in deze plaats,
En is gevuld met een bedorven geur.
Insecten knabbelen mijn vlees af.
Ik probeer van ze weg te rennen en te rennen,
En toch blijf ik steeds op dezelfde plaats.
Ze eten voortdurend mijn lichaam op
Ze zuigen mijn bloed op.
Ik beef van verschrikking en angst.
Wat moet ik doen?

Ik smeek u alstublieft,
Laat de mensen weten wat er met mij gebeurd.

*De straffen voor de mensen die sterven na hun puberjaren*

Vertel ze over mijn folteringen
Zodat ze ook niet hier eindigen.
Ik weet echt niet wat te doen.
Onder de grote angst en verschrikking,
Kan ik enkel kreunen.
Het is nutteloos om een schuilplaats te zoeken.
Ze krassen mijn rug.
Ze bijten in mijn armen.
Ze stropen mijn huid af.
Ze eten mijn spieren op.
Ze zuigen mijn bloed op.
Wanneer dit voorbij is,
Zal ik in de poel des vuurs geworpen worden.
Wat kan ik doen?
Wat moet ik doen?

Ondanks dat ik niet geloofde in Jezus als mijn Redder,
Dacht ik dat ik een mens met een goed geweten was.
Totdat ik in het Onder Graf geworpen werd,
Heb ik nooit beseft dat ik zoveel zonden heb gedaan!
Nu kan ik alleen nog spijt hebben en spijt hebben
Voor de dingen die ik gedaan heb.
Wees er alstublieft zeker van
Dat er niet nog meer mensen zijn zoals ik.
Vele mensen hier dachten, terwijl ze leefden
Dat ze goed leefden.
En toch zijn ze allemaal hier.
Velen die deden alsof ze geloofden

# De Hel

En dachten dat ze leefden
Overeenkomstig de wil van God zijn hier ook,
En ze worden nog erger gefolterd dan ik.

Ik wou dat ik het lijden kon vergeten
Al was het maar voor even, maar ik kan het niet.
Ik kan niet rusten, ook al sluit ik mijn ogen.
Wanneer ik mijn ogen open doe,
Kan ik niets zien en niets is tastbaar.
Terwijl ik hier en daar wegloop,
Blijf ik steeds op dezelfde plaats.
Wat kan ik doen?
Wat moet ik doen?
Ik smeek u, wees er alstublieft zeker van
Dat er geen andere mensen
Mijn voetsporen volgen!

Deze ziel was een redelijke goede man, vergeleken met de vele anderen in het Onder Graf. Hij smeekt God om de mensen te laten weten wat er met hem gebeurt. Zelfs in deze extreme foltering, is hij bezorgd om de zielen die hier kunnen beëindigen. Zoals de rijke man smeekte om zijn broers te laten waarschuwen, zodat ze ook niet *"in deze plaats van foltering zouden komen"*, smeekte ook deze ziel tot God (Lucas 16).

Degene die echter vallen in het derde of vierde niveau van straffen in het Onder Graf, hebben zelfs niet die soort goedheid. Dus, zij dagen God uit en beschuldigen mededogenloos anderen.

*De straffen voor de mensen die sterven na hun puberjaren*

## 3. De straf van farao

Farao, de koning van Egypte die opstond tegen Mozes, ontvangt het tweede niveau van straf, maar de grootte van zijn straf grenst aan die van het derde niveau van straf.

Wat voor soort kwaad deed de Farao in zijn leven, om dit soort straf te verdienen? Waarom is hij naar het Onder Graf gestuurd?

Toen de Israëlieten verdrukt werden als slaven, werd Mozes geroepen door God om Zijn volk uit Egypte te brengen en hen te leiden naar het Beloofde Land van Kanaän. Mozes ging naar Farao en vertelde hem om de Israëlieten te laten gaan vanuit Egypte. Ondanks zijn begrip van de waardevolle arbeid van de Israëlieten, weigerde farao hen te laten gaan.

Door Mozes, zond God de tien plagen over de Farao, zijn ambtenaren, en zijn volk. Het water van de Nijl veranderde in bloed. Kikkers, muggen en vliegen bedekten zijn land. Bovendien, leden farao en zijn volk aan de plaag over het vee, de hagel, de sprinkhanen en de duisternis. Iedere keer wanneer ze leden onder een plaag, beloofde Farao aan Mozes om de Israëlieten te laten gaan uit Egypte, enkel om te voorkomen dat er meer plagen zouden komen. De Farao verbrak echter zijn beloften en verhardde herhaaldelijk zijn hart, iedere keer nadat Mozes tot God bad, en Hij de dodelijke plagen wegnam van het land. Farao liet uiteindelijk de Israëlieten gaan nadat alle eerste geboren zonen in Egypte, vanaf de erfgenaam van de troon tot de eerstgeboren zoon van slaven, alsook de eerstgeborene van het vee gedood werden.

Echter, spoedig na de laatste plaag, veranderde Farao opnieuw

# De Hel

zijn gedachte. Hij en zijn leger gingen achter de Israëlieten aan, die gelegerd waren bij de Rode Zee. De Israëlieten waren angstig en schreeuwden het uit tot God. Mozes hief zijn staf omhoog en strekte zijn hand uit over de Rode Zee. Toen gebeurde er een wonder. De Rode Zee scheidde zich in twee delen door de kracht van God. De Israëlieten doorkruisten de Rode Zee op droge grond en de Egyptenaren achtervolgden hen in de zee. Toen Mozes zijn hand opnieuw uitstrekte over de zee, aan de andere kant van de Rode Zee, *"Vloeiden de wateren terug en bedekten de wagens en de ruiters van de gehele legermacht van Farao, die hen in de zee achterna getrokken waren; er bleef van hen niet één over"* (Exodus 14:28).

In de Bijbel, geloofden vele heidense koningen, die goed van aard waren, in God en aanbaden Hem. De Farao verhardde echter zijn hart, ondanks dat hij tien keer getuige geweest was van Gods kracht. Als gevolg viel Farao in de grote ellende zoals de dood van zijn erfgenaam van de troon, de vernietiging van zijn leger en het gebrek van zijn natie.

Vandaag de dag, horen mensen van de Almachtige God en zijn getuige van Zijn kracht. Ze verharden echter hun eigen harten zoals Farao. Ze aanvaarden Jezus niet als hun persoonlijke Redder. Bovendien, weigeren ze om zich te bekeren van hun zonden. Wat zal er met hen gebeuren als ze blijven leven op deze wijze? Zij zullen tenslotte hetzelfde niveau van straf ontvangen als Farao in het Onder Graf.

Wat gebeurt er met Farao in het Onder Graf?

*De straffen voor de mensen die sterven na hun puberjaren*

## Farao opgesloten in afvalwater

Farao is opgesloten in een meer van afvalwater, gevuld met stank. Zijn lichaam is vastgebonden in het meer, en hij kan zich niet bewegen. Hij is niet alleen, maar er zijn andere zielen die opgesloten zijn voor gelijkaardige zonden.

Het feit dat hij een koning was, voorziet hem niet van een betere behandeling in het Onder Graf. In plaats daarvan, omdat hij in de positie van macht was, arrogant was, en gediend werd door anderen, en in overvloed leefde, bespotten en folteren de boodschappers van de hel farao nog meer.

Het meer, waarin de Farao geplaatst is, is niet alleen gevuld met afvalwater. Heb je ooit rottende en vervuilde hoeveelheden water of rioolwater gezien? En heb je ooit havens met drijvende schepen gezien? Zulke plaatsen zijn meestal gevuld met gasolie, afval en stank. Het lijkt onmogelijk dat er enig leven bestaat in zo'n omgeving. Als je je hand er insteekt ben je bezorgd over je huid dat die besmet wordt door al deze weerzinwekkende onderdelen in het water.

De Farao zelf bevindt zich in deze vervuiling. En bovendien, is dit meer gevuld met talloze griezelige insecten. Ze lijken op larven, maar zijn veel groter.

## Insecten knabbelen aan de zachtere delen van het lichaam

Deze insecten pakken de opgesloten zielen in het meer aan, en beginnen eerst aan de zachtere delen van hun lichamen te knabbelen. Ze knabbelen aan de ogen, en door de oogkassen, komen de insecten de schedel binnen en beginnen zelfs aan de hersenen te knabbelen. Kan jij je voorstellen hoe pijnlijk dat is? Uiteindelijk, knabbelen ze aan alles van hoofd tot voetzool. Met wat kunnen we deze pijn vergelijken?

Hoe pijnlijk is het niet wanneer er stof in je ogen komt? Hoeveel pijnlijker zal het dan wel zijn wanneer insecten je hele lichaam opknabbelen?

Veronderstel, dat een naald onder je vingernagel is geschoven of door je vingertoppen steekt. Deze insecten stropen voortdurend de huid van je lichaam en schuren langzaam je spieren totdat het been zichtbaar is. Deze insecten stoppen niet aan de binnenkant van je handen. Ze bewegen zich snel voort naar je armen en schouders en je borst, buik, benen en billen. De opgesloten zielen verdragen de foltering en de pijn die ermee gepaard gaat.

### De insecten knabbelen herhaaldelijk aan de ingewanden

De meeste vrouwen wanneer ze larven zien, zijn ze er bang voor, en willen ze zeker niet aanraken. Stel je voor, veel griezeliger insecten, veel groter dan larven, stekend de veroordeelde zielen. Eerst, doorsteken de insecten hun lichamen door hun buik. En vervolgens beginnen ze te knabbelen aan hun vlees van de vijf inwendige zintuigen en de zes ingewanden. De insecten zuigen dan de vloeistof vanuit hun hersenen op. Gedurende dit gehele proces, kunnen de veroordeelde zielen er niet tegen vechten, of zich bewegen, of weg lopen van deze afgrijselijke insecten.

*De straffen voor de mensen die sterven na hun puberjaren*

De insecten blijven voortdurend knabbelen aan hun lichamen, beetje bij beetje, terwijl de zielen toekijken hoe hun lichaamsdelen worden afgeknabbeld. Als we dit soort foltering gedurende 10 minuten zouden ondergaan, zouden we boos worden. Een van de veroordeelde zielen in deze afschuwelijke plaats is Farao, die God en Zijn dienstknecht Mozes uitdaagde. Hij lijdt aan deze vreselijke pijn, terwijl hij volkomen wakker is, levendig getuige is en voelt hoe zijn lichaamsdelen opgeknabbeld en geschuurd worden.

Nadat de insecten iemands lichaam hebben opgeknabbeld, is dat dan het einde van de foltering? Nee. In een zeer korte tijd, zijn de geschuurde en afgeknabbelde lichaamsdelen van iemand volledig hersteld, en komen de insecten opnieuw naar de ziel om te knabbelen van de verschillende lichaamsdelen. Het stopt nooit, er komt nooit een einde aan. De pijn verminderd niet en hij raakt niet gewend aan – of wordt verdoofd voor – de foltering.

Zo werkt de geestelijke wereld. In de hemel, wanneer de kinderen van God eten van de vruchten van een boom, hersteld die vrucht volledig. Evenzo, in het Onder Graf, ongeacht hoeveel keren of hoeveel insecten er knabbelen aan je lichaamsdelen, elk deel van je lichaam herstelt onmiddellijk, nadat het vernietigd en ontbonden is.

**Zelfs wanneer iemand een eerlijk en gewetensvol leven leidt**

Onder de eerlijke mensen zijn degene die Jezus en het

evangelie niet wilden aannemen. Aan de buitenkant zagen ze er goed en nobel uit, maar ze zijn niet goed en nobel overeenkomstig de waarheid.

Galaten 2:16 herinnert ons aan *"wetende, dat de mens niet gerechtvaardigd wordt uit werken der wet, maar door het geloof in Christus Jezus, zijn ook zelf tot het geloof in Christus Jezus gekomen, om gerechtvaardigd te worden uit het geloof in Christus en niet uit werken der wet. Want uit werken der wet zal geen vlees gerechtvaardigd worden."* Een rechtvaardig mens, is degene die gered kan worden door de naam van Jezus Christus. Alleen dan, kunnen al zijn zonden vergeven worden door zijn geloof in Jezus Christus. Bovendien, als hij gelooft in Jezus Christus, zal hij zeker het woord van God gehoorzamen.

Wanneer iemand ondanks de overvloedige bewijzen van Gods schepping van het universum en Zijn wonderen en kracht die getoond zijn door Zijn dienstknechten, nog de almachtige God verloochend, is hij niets anders dan een slecht mens met een verhard geweten.

Vanuit zijn eigen perspectief, heeft hij misschien eerlijk geleefd. Wanneer hij echter Jezus blijft verloochenen als zijn persoonlijke Redder, kan hij nergens anders heen gaan dan naar de hel. En toch omdat deze mensen redelijk goed en eerlijk geleefd hebben, ten opzichte van de goddelozen die zoveel gezondigd hebben en hun zondevolle begeertes gevolgd hebben, zullen zij of het eerste of tweede niveau van straffen ontvangen in het Onder Graf.

Onder degene die sterven zonder een gelegenheid gehad te hebben om het evangelie te omarmen, en niet door het oordeel van het geweten komen, zullen hoofdzakelijk het eerste of tweede niveau van straf ontvangen. En je kan veronderstellen dat een ziel die het derde of vierde niveau van straf in het Onder Graf ontvangt, veel goddelozer en boosaardiger geweest is dan vele anderen.

## 4. Het derde niveau van straf

Het derde of vierde niveau van straffen zijn voorbehouden voor al degene die zich tegen God gekeerd hebben, hun geweten gebrandmerkt is, de Heilige Geest gelasterd en bespot hebben, en de bevestiging en uitbreiding van Gods koninkrijk tegengewerkt hebben. Bovendien, iedereen die Gods gemeente vervloekt heeft, als "ketters" zonder vast bewijsmateriaal zullen ook de straf van het derde of vierde niveau ontvangen.

Voordat we verder gaan naar het derde niveau van straf in het Onder Graf, laat ons eens in het kort de verschillende foltermethodes bestuderen die door mensen ontworpen zijn.

### Wrede mensgemaakte foltermethodes

Gedurende de tijd, toen de menselijke rechten meer een fantasie dan een alledaagse zaak waren, werden talloze soorten lichamelijke straffen bedacht en uitgevoerd, inclusief verschillende vormen van foltering en executie.

Bijvoorbeeld, in de Middeleeuwen, in Europa, namen de gevangenisbewakers, de gevangenen mee naar de kelder van

# De Hel

het gebouw om de bekentenissen te verkrijgen. Op weg daar naar toe, zag de gevangene bloedvlekken op de vloer en in de ruimte zag hij verschillende soorten van instrumenten liggen die gebruikt werden en voorbereid waren voor de foltering. Hij hoorde ondragelijke gegil, door het gehele gebouw, welke hem totaal overweldigde.

Een van de meeste gebruikte foltermethodes was om de vingers en de tenen van de gevangene (of iemand die gefolterd zou worden) in een klein metalen vorm te plaatsen. De metalen vormen werden aangespannen totdat zijn vingers en tenen verbrijzeld waren. Dan, werden zijn vingernagels, en teennagels, een voor een uitgetrokken terwijl de metalen vorm werd aangespannen.

Wanneer de gevangene na dit alles nog geen bekentenis had afgelegd, werd hij onderste boven in de lucht gehangen, met zijn armen achterwaarts gebogen en zijn lichaam in allerlei richtingen verdraaid. In deze foltering, werd extra pijn toegebracht, terwijl het lichaam in de lucht werd gehangen en naar beneden werd gegooid in verschillende tempo's. Tenslotte, werd een zwaar stuk ijzer vastgebonden aan de enkels van de gevangene, terwijl hij nog in de lucht hing. Het gewicht van het ijzer was zwaar genoeg om alle spieren en beenderen in zijn gehele lichaam te scheuren. Wanneer de gevangene dan nog geen bekentenis aflegde, werden nog verschrikkelijkere en folterende methodes toegepast.

De gevangene zou geplaatst worden in een stoel, speciaal ontworpen voor foltering. De stoel, de rug en de poten van de stoel waren bedekt met kleine handboortjes. Terwijl de gevangene dit angstaanjagende voorwerp ziet, probeert hij weg te rennen voor zijn leven, maar de gevangenisbewakers, veel langer en sterker, dwongen hem terug de stoel in. In een ogenblik, voelde de gevangene de handboortjes zijn lichaam doorboren.

Een andere manier van foltering, was om de gevangene of verdachte onderste boven te hangen. Na een uur, ging zijn bloeddruk helemaal omhoog, de bloedvaten in zijn hersenen sprongen open, en het bloed stroomde uit zijn hersenen door zijn ogen, neus en oren. Hij kon niet langer zien, ruiken of horen.

Soms werd er vuur gebruikt om de gevangene te dwingen tot onderwerping. De beambte benaderde de verdachte dan met een brandende kaars. Hij bracht de kaars naar de oksels of zolen van de verdachte. De oksels werden verbranden, omdat ze een van de meest gevoelige delen van het menselijke lichaam zijn, terwijl de voetzolen verbrand werden omdat de pijn langer blijft daar.

Andere keren werd de verdachte gedwongen om heette ijzeren laarzen aan te trekken terwijl hij blootsvoets is. Dan, trekt de folteraar, het gevoelige vlees eruit. Of, de folteraar snijdt de tong van de gevangene af, of verbrand zijn gehemelte met een hete ijzeren tang. Wanneer de gevangene tot dood veroordeeld was, werd hij in een wielachtig vorm gegooid, wat ontworpen was om een lichaam in stukken te breken. Het snel draaiende wiel, verscheurde het lichaam in stukken, terwijl de gevangene nog steeds in leven en bij bewustzijn was. Nu en dan, werden ze ter dood gebracht door gesmolten lood in zijn neus-en oorgaten te gieten.

Wetende dat ze niet in staat zouden zijn om de pijn van de foltering te dragen, smeekten vele gevangenen, de folteraars, en

De Hel

gevangenisbewakers vaak, om een snelle en pijnloze dood.

Dit zijn enkele foltermethodes ontworpen door mensen. Alleen maar een gedachte is genoeg om ons bang achter te laten met dit mentale beeld. Je kan dan al vermoeden dat de folteringen die uitgedragen worden door de boodschappers van de hel, die onder de directe leiding van Lucifer staan, alleen maar angstaanjagender kunnen zijn dan enige vorm van foltering ontworpen door de mens. Deze boodschappers van de hel, hebben gebrek aan bewogenheid en hebben er enkel behagen in wanneer ze de zielen horen schreeuwen in angst in het Onder graf. Ze proberen altijd wredere en pijnlijkere manieren van foltering uit op deze zielen.

Kan jij het veroorloven om naar de hel te gaan? Kan jij je veroorloven dat je geliefden, je familie en vrienden naar de hel gaan? Alle christenen moeten het als hun plicht beschouwen om het evangelie te verkondigen en te verspreiden en er alles aan doen om ook maar een ziel meer te redden van het vallen in de hel.

Wat, zijn dan precies de straffen van het derde niveau?

### i) De boodschappers van de hel dragen afgrijselijke varkensmaskers

Een ziel in het Onder graf wordt aan een boom vastgebonden, en zijn vlees wordt beetje bij beetje in kleine stukken gesneden. Misschien kan je het vergelijken met het snijden van vis om sashimi te maken. Een boodschapper van de hel draagt een lelijk, en angstaanjagend masker, terwijl hij de nodige martelvoorwerpen die hij nodig heeft voor de foltering voorbereid. Deze middelen bevatten ook een brede variatie van voorwerpen van een kleine dolk tot een grote bijl. Dan scherpt de boodschapper van de hel de voorwerpen met een steen. De voorwerpen hoeven niet aangescherpt te worden, omdat de scherpte van elke voorwerp in het Onder graf altijd even scherp blijft. Het echte doel van het aanscherpen is om de ziel nog banger te maken voor zijn foltering.

**Vlees afsnijden, beginnend met de vingertoppen**

Wanneer de ziel deze voorwerpen hoort kletteren en wanneer de boodschapper van de hel hem benaderd met een griezelige brede glimlach, hoe beangstigd en ontsteld zal hij zijn!

'Dat mes staat op het punt om mijn vlees weg te snijden...
Die bijl gaat binnenkort mijn ledematen afhakken...
Wat moet ik doen?
Hoe kan ik die pijn verdragen?'

De gruwel alleen verstikt hem bijna. De ziel blijft zich herinneren dat hij vastgebonden is aan een boomstam, niet kan bewegen, en dat het voelt alsof het dikke touw zijn lichaam doorboort. Te meer hij probeert te ontsnappen, des te vaster het touw om zijn lichaam wordt gebonden. De boodschapper van de hel benaderd hem dan en begint zijn vlees in sneetjes te snijden, beginnend met de vingertoppen. Een massa vlees bedekt met bloedklonters valt op de grond. De vingernagels worden uitgetrokken en in korte tijd, worden ook zijn vingers afgesneden. De boodschapper van de hel, snijdt het vlees af van de vingers, tot zijn polsgewricht, en tot zijn schouder. Het enige wat over blijft van zijn armen, zijn beenderen. Dan beweegt de boodschapper naar beneden naar de kuiten en de dijen van de ziel.

**Totdat de ingewanden zichtbaar zijn**

Een boodschapper van de hel, begint dan zijn onderbuik uit te snijden. Wanneer de inwendige organen en de zes ingewanden bloot liggen, pakt hij deze organen en gooit ze weg. Hij neemt en scheurt ook andere organen open met zijn scherpe voorwerpen.

Tot op dit punt, is de ziel wakker en kijkt naar dit hele proces: zijn vlees wordt weg gesneden en zijn ingewanden weggegooid. Veronderstel dat iemand je heeft vastgebonden, een deel van je lichaam wegsnijdt, beginnende bij de hand, stukje met stukje, iedere keer, ongeveer de grote van een vingernagel. Wanneer het mes je raakt, vloeit er onmiddellijk bloed en begin je onmiddellijk te lijden, en geen woorden kunnen je angst precies uitdrukken. Wanneer je dit derde niveau van straf ontvangt in het Onder graf, is het niet alleen een stuk van je lichaam; het is de volledige huid van je lichaam; van hoofd tot voetzool, en al je ingewanden worden een voor een uit je gerukt.

Stel je opnieuw het beeld van sashimi voor, een Japanees gerecht van rauwe vis. Het koken heeft bijna de beenderen van het vlees gescheiden. En het vlees wordt zo dun mogelijk gesneden. Het gerecht wordt bereid in de vorm van een levende vis. De vis lijkt nog levend, en je kan de kieuwen nog zien bewegen. De kok in het restaurant heeft geen genade met de vis, als hij dat zou doen, zou hij zijn job niet kunnen doen.

Blijf alstublieft bidden voor je ouders, je echtgeno(o)t(e), je familieleden en je vrienden. Als ze niet gered zijn, en in de hel eindigen, zullen ze de foltering ondergaan, waarbij hun huid wordt afgesneden en hun beenderen geschuurd worden door de genadeloze boodschappers van de hel. Het is onze plicht als Christenen om het Goede nieuws te verspreiden, want op de dag van het Oordeel, zal God zeer zeker een ieder van ons verantwoordelijk houden voor iedereen die we niet naar de hemel hebben geleid.

### De ogen van de ziel uitsteken

De boodschapper van de hel, neemt een handboortje, deze keer, in plaats van een mes. De ziel weet wat er nu met hem gaat gebeuren, want het is niet de eerste keer dat hij dit ondergaat; want hij is al honderden en duizenden keren gefolterd op deze wijze, sinds de dag dat hij hier gebracht werd in het Onder graf.

De boodschapper van de hel benaderd de ziel, doorsteekt zijn oog heel diep met een handboortje, en laat het handboortje in de oogkas voor een ogenblik. Hoe angstaanjagend moet dat zijn voor de ziel wanneer hij ziet dat de handboor hem dichter en dichter nadert? De pijn die veroorzaakt wordt door een handboortje wat in je oog geboord wordt is onbeschrijfelijk voor woorden.

De Hel

Is dit het einde van de foltering? Neen. Het gezicht van de ziel blijft. De boodschapper van de hel snijdt zijn wangen, neus, voorhoofd, en de rest van zijn gezicht weg. Hij vergeet ook niet om de huid van de ziels oren, lippen en nek weg te snijden. De nek, terwijl het stukje voor stukje wordt weggesneden, wordt dunner en dunner totdat het afknapt van de bovenste torso. Zo beëindigd de eerste sessie van foltering, maar dit einde betekent enkel het begin van een nieuwe ronde van foltering.

**Iemand kan niet eens krijsen of huilen**

In een korte tijd, herstellen de delen die afgesneden waren van zijn lichaam zich, alsof er niets met ze gebeurd is. Terwijl het lichaam vanzelf herstelt, is er een kort moment waarbij de pijn en angst ophouden met bestaan. Deze pauze, herinnert de ziel enkel aan meer foltering wat hem te wachten staat, en spoedig begint hij onbeheerst te schudden van angst. Terwijl hij wacht op de foltering, wordt het geluid van het scherpen opnieuw gehoord. Van tijd tot tijd, draagt de boodschapper van de hel een afschuwelijk varkensmasker en kijkt met een grote brede glimlach, grimas naar hem. De boodschapper is klaar voor een nieuwe folterronde. De afschuwelijke folteringen beginnen helemaal opnieuw. Denk je dat je dit kan dragen? Geen enkel deel van je lichaam raakt ooit gewend aan deze instrumenten van foltering of voortdurende pijn. Des te meer je gefolterd wordt, des te meer je zal lijden.

Een verdachte in hechtenis of een gevangene die op het punt staat om gefolterd te worden, weet dat datgene wat hem te wachten staat, slecht voor een korte periode is, maar toch beeft en trilt hij door de overweldigende angst. Veronderstel, dan, een boodschapper van de hel met een lelijk varkensmasker, die je benaderd met verschillende werktuigen in zijn handen, en het ene tegen het andere klettert. De foltering herhaalt zich, zonder einde: vlees wegsnijden, de inwendige organen uitrukken, de ogen doorboren, en vele andere dingen gaan voortdurend door.

Daarom kan een ziel in het Onder graf, niet gillen of smeken voor zijn leven, genade of minder wreedheid, of iets anders bij de boodschappers van hel. Het gekrijs van andere zielen, roepend om genade, en het gekletter van instrumenten van foltering, omringen de ziel. Zodra de ziel de boodschapper van de hel ziet, wordt hij lijkbleek, zonder te mopperen. Bovendien weet hij al dat hij zichzelf niet kan bevrijden van dit lijden, totdat hij in de poel des vuurs wordt geworpen na het Oordeel van de Grote Witte Troon, na het Einde der tijden (Openbaring 20:11). De onverbiddelijke realiteit voegt enkel toe aan de reeds bestaande pijn.

## ii) De straf van het lichaam opblazen zoals een ballon

Iedereen met een klein beetje geweten, voelt zich schuldig wanneer hij/zij iemands gevoelens gekwetst heeft. Of, ongeacht hoeveel iemand een persoon gehaat heeft in het verleden, wanneer die persoon in ellende is, komt er toch een gevoel van spijt naar boven wat de haat doet verdwijnen, tenminste voor een tijdje.

De Hel

Wanneer iemands geweten echter verschroeid wordt met een heet ijzer, is de persoon volkomen apathisch tot angst van die ander, en om zijn eigen doelen te kunnen bereiken, wil hij zich misschien onderwerpen aan de meest afschuwelijke gruweldaden.

**Mensen worden behandeld als afval en rommel**

Gedurende Wereld Oorlog II in Duitsland onder de dictatuur van de Nazi's werden talloze levende mensen in Japan, Italië en andere landen gebruikt als proefpersonen in gruwelijke en clandestiene proeven; deze mensen hadden in wezen de plaats ingenomen van ratten, konijnen en andere soortgelijke dieren.

Bijvoorbeeld, om uit te vinden hoe een gezond persoon zou reageren, werden kankercellen en andere virussen getransplanteerd om te kijken, hoe lang het zou werken tegen kwaadaardige middelen, en wat voor soort symptomen gepaard gaan met de verschillende ziektes. Om de meest nauwkeurige informatie te verkrijgen, sneden ze vaak de maag of de schedel open van een levend persoon. Om te bepalen hoe een persoon gemiddeld reageert op extreme koude of hitte, deden ze de temperatuur van de ruimte heel snel afkoelen of verwarmden heel snel de temperatuur van een water reservoir, waarin de proefpersonen werden opgesloten.

Nadat deze "proefpersonen" hun doel hadden bereikt, werden deze mensen vaak achtergelaten om te sterven in angst. Ze gaven weinig aandacht aan de kostbaarheid of smart van deze proefpersonen.

*De straffen voor de mensen die sterven na hun puberjaren*

Hoe wreed en afschuwelijk moet het geweest zijn voor vele gevangenen van de oorlog of andere krachteloze personen, die deze bekende proefpersonen werden, en toekeken hoe hun lichaam in delen werd gesneden, hun lichaam tegen hun wil in geïnfecteerd werd met verschillende dodelijke en boosaardige cellen, en toe keken hoe ze letterlijk stierven?

De zielen in het Onder Graf echter ondergaan veel wredere methoden van straffen dan enige proef die ooit op de levende lichamen werd toegepast. Terwijl mannen en vrouwen geschapen zijn in Gods eigen beeld en gelijkenis, maar ook als degene die hun waarde en waardigheid verloren hebben, worden deze zielen behandeld als afval of rommel, in het Onder Graf.

Net zoals wij geen medelijden hebben met afval, hebben de boodschappers van de hel ook geen medelijden of bewogenheid met deze zielen. De boodschappers van de hel voelen zich niet schuldig of hebben medelijden, en geen straf is meer dan genoeg.

## De beenderen verbrijzelen en de huid barst open

Daarom zien de boodschappers van de hel deze zielen enkel als speelgoed. Ze blazen de lichamen van de zielen op en de lichamen naar elkaar toe schoppen.

Het is heel moeilijk om dit beeld voor te stellen: hoe kan een lang en slank lichaam opgeblazen worden als een bal? Wat zal er met de ingewanden gebeuren?

Terwijl de ingewanden en de longen worden opgeblazen, worden de ribben en ruggengraat, welke de ingewanden beschermen, een voor een, deel voor deel, verbrijzeld. En daar

# De Hel

bovenop is er die voortdurende, folterende pijn van het uitrekken van de huid.

De boodschappers van de hellen spelen met deze opgeblazen lichamen van de ongeredde zielen in het Onder Graf, en wanneer ze het beu zijn, doorsteken ze de magen van de zielen met scherpe speren. Op de wijze waarop de eens opgeblazen bal verscheurd wordt in rubberen stukken, wanneer het doorstoken wordt, evenzo vliegen de huiddelen en hun bloed in alle richtingen.

In een zeer korte periode echter, worden deze lichamen van de zielen herstelt en terug geplaatst in hun eerste plaats van straf. Hoe wreed is dit wel niet? Terwijl zij op aarde leefden, waren deze zielen geliefd door anderen, genoten van een sociale staat, of konden tenminste grijpen naar de grondwet van de menselijke rechten.

Eens ze in het Onder Graf zijn, hebben ze geen enkel recht meer om zich toe te eigenen en worden ze hoofdzakelijk behandeld als grind op de grond; hun bestaan heeft geen enkele waarde.

Prediker 12:13-14 herinnert ons aan het volgende:

*Van al het gehoorde is het slotwoord: Vrees God en onderhoud zijn geboden, want dit geldt voor alle mensen. Want God zal elke daad doen komen in het gericht over al het verborgene, hetzij goed, hetzij kwaad.*

Zoals, overeenkomstig Zijn oordeel, zijn deze zielen gedegradeerd tot speelgoed waarmee de boodschappers van de hel spelen.

Daarom moeten we beseffen dat wanneer wij falen om de plicht van de mens uit te dragen, welke is om God te vrezen en al Zijn geboden te onderhouden, zullen wij niet langer erkend worden als kostbare zielen die het beeld van God en Zijn gelijkenis uitdragen, maar in plaats daarvan onderworpen worden aan de wreedste straffen in de het Onder Graf.

## 5. De straf voor Pontius Pilatus

Ten tijde van Jezus dood, was Pontius Pilatus een Romeinse gouverneur in de regio van Judea, vandaag Palestina. Vanaf de dag dat hij zijn voeten zette in het Onder Graf, heeft hij het derde niveau van straf ontvangen, welke zweepslagen tot gevolg hebben. Voor welke specifieke oorzaken wordt Pontius Pilatus gefolterd?

### Ondanks de kennis van Jezus gerechtigheid

Daar Pilatus de gouverneur van Judea was, was zijn toestemming nodig om Jezus te kruisigen. Als een Romeinse onderkoning, had Pilatus de gehele regio van Judea onder zijn hoede, en had hij vele spionnen die op verschillende plaatsen werkten voor hem. Dus Pilatus wist heel goed dat Jezus talloze wonderen had verricht, Zijn boodschap van liefde, Zijn genezing

## De Hel

van de zieken, Zijn prediking van het Woord van God, en zo verder, terwijl Jezus het evangelie verkondigde in de gehele regio, waarin zowel Hij als Pilatus woonden. Bovendien, uit de rapporten van zijn spionnen die hem overgeleverd werden, concludeerde Pilatus dat Jezus een goede en onschuldige man was.

Bovendien, omdat Pilatus besefte dat de Joden Jezus wanhopig wilden doden uit jaloezie, deed hij alle pogingen om Hem vrij te laten. Omdat Pilatus echter overtuigd was, dat wanneer hij geen gehoor zou geven aan de Joden, dat zou resulteren in een grote sociale onrust in zijn provincie, leverde hij Jezus uiteindelijk uit om gekruisigd te worden, dit op aandrang van de Joden. Wanneer er onrust uitgebroken zou zijn in zijn gebied, zou de zware verantwoordelijkheid waarschijnlijk zijn eigen leven bedreigen.

Uiteindelijk, bepaalde Pilatus' lafhartige geweten zijn bestemming na de dood. Net zoals de Romeinse Soldaten Jezus geselden op bevel van Pilatus, voor Zijn kruisiging, wordt ook Pilatus veroordeeld tot dezelfde straf: eindeloze geselingen door de boodschappers van de hel.

### Pilatus wordt elke keer wanneer zijn naam genoemd wordt gegeseld

Zo werd Jezus gegeseld. De zweep welke bestond uit stukken ijzer of beenderen waren aangebracht aan het uiteinde van een lange lederen riem. Bij iedere slag, drong de zweep in Jezus lichaam, en de metalen stukken en beenderen aan het uiteinde doorstaken Zijn vlees. In een korte tijd, werd het vlees van de wonde open getrokken, met de zweepslag, en liet grote en diepe sneden achter.

Evenzo, iedere keer wanneer mensen op de aarde, zijn naam uitspreken, geselen de boodschappers van de hel, Pilatus in het Onder Graf. Tijdens de aanbiddingdiensten, zeggen vele christenen de Geloofsbelijdenis op. Iedere keer wanneer het deel "geleden onder Pontius Pilatus" genoemd wordt, wordt hij gegeseld. Wanneer honderden en duizenden mensen zijn naam tegelijk opnoemen, wordt de mate van zijn geseling dramatisch vermeerderd. Op bepaalde ogenblikken, vergaderen andere boodschappers van de hel zich rondom Pilatus om elkaar te helpen met hem te geselen.

Ondanks dat Pilatus lichaam helemaal verscheurd is in stukken en bedekt is met bloed, geselen de boodschappers van hel hem alsof ze in competitie zijn met elkaar. De geselingen verscheuren Pilatus vlees, en ontbloten zijn botten, en dringen door tot op zijn merg.

### Zijn tong is permanent verwijderd

Terwijl hij gefolterd wordt, roept Pilatus voortdurend, "Alstublieft, spreek mijn naam niet uit! Iedere keer wanneer je het uitspreekt, lijd ik en lijd ik!" Er komt echter geen geluid uit zijn mond. Zijn tong is afgesneden, omdat hij met dezelfde tong Jezus veroordeeld heeft tot het kruis. Wanneer je pijn hebt, helpt het klein beetje als je kunt roepen en schreeuwen. Voor Pilatus, is deze optie niet mogelijk.

De Hel

Er is iets anders met Pilatus. Andere veroordeelde zielen in het Onder Graf, terwijl verschillende lichaamsdelen afgesneden, of verbrand of opengescheurd worden, herstellen ze zich vanzelf. Pilatus' tong is echter blijvend verwijderd als een symbool van vloek. Ondanks dat Pilatus mensen smeekt en smeekt om zijn naam niet uit te spreken, zal het zo blijven tot de dag van het Oordeel. Des te meer zijn naam uitgesproken wordt, des te heviger het lijden voor hem wordt.

**Pilatus heeft weloverwogen een zonde gepleegd**

Toen Pilatus Jezus overleverde om gekruisigd te worden, nam hij water en waste zijn handen ten aanzien van de menigte, en zei tot het volk, *"Ik ben onschuldig aan zijn bloed; gij moet zelf maar zien, wat ervan komt"* (Matteüs 27:24). De Joden antwoordden Pilatus nu nog wanhopiger dan ooit te voren om Jezus te doden, *"Zijn bloed kome over ons en over onze kinderen!"* (Matteüs 27:25)

Wat gebeurde er met de joden na de dood van Jezus? Ze werden geslacht toen de stad Jeruzalem werd veroverd en vernietigd door de Romeinse generaal Titus in 70 N.C. Sinds die tijd, zijn ze verspreid over de gehele wereld en verdrukt in landen die niet hun eigendom waren. Gedurende de tweede Wereldoorlog, werden ze met geweld verplaatst naar talloze concentratiekampen in Europa, waar meer dan zes miljoen Joden verstikt werden in gaskamers of op brute wijze gedood werden. Tijdens de eerste vijf decennia van zijn moderne staat, na de onafhankelijkheid in 1948, is de staat Israel voortdurend bedreigd, gehaat, en belegerd door de buurlanden van het Midden Oosten.

Ondanks dat de Joden hun vergelding van hun verzoek ontvangen hebben "Zijn bloed kome over ons en over onze kinderen!" betekent dat niet dat de straf van Pilatus op enige wijze verminderd is. Pilatus heeft opzettelijk gezondigd. Hij had vele gelegenheden om niet te zondigen, maar hij deed het toch. Zelfs zijn vrouw, nadat zij gewaarschuwd was in een droom, spoorde zij Pilatus aan om Jezus niet te doden. Negerende zijn eigen geweten en het advies van zijn vrouw, veroordeelde Pilatus Jezus toch tot kruisiging. Als gevolg, wordt hij gedwongen om het derde niveau van straf in het Onder Graf te ontvangen.

Zelfs vandaag, doen mensen misdaden, zelfs al weten ze dat het misdaden zijn. Ze laten enkel geheimen zien aan anderen, voor hun eigen voordeel. In het onder Graf, wordt het Derde niveau van straf toegediend aan degene die plannen smeden tegen anderen, valse getuigenissen geven, lasteren, partijruzies hebben of bendes die vermoorden of folteren, lafhartigen, en degene die anderen verraden in tijden van gevaar of pijn, enzovoort.

### God zal elke daad ondervragen

Net zoals Pilatus het bloed van Jezus plaatste in de handen van de Joden, door zijn handen te wassen, beschuldigen sommige mensen andere mensen voor een bepaalde situatie of toestand waar ze in zijn. De verantwoordelijkheid van de zonde van mensen rust echter op de mensen zelf. Ieder individu heeft een vrije wil, en hij heeft niet alleen het recht om de juiste beslissing te nemen, maar hij zal ook ter verantwoording geroepen worden voor zijn beslissingen. Deze vrijheid stelt ons in staat om een keuze te maken of we geloven in Jezus als persoonlijke Redder, of we wel of niet de dag des Heren heiligen, of we wel of niet onze gehele tiende voor God brengen, enzovoort. Het resultaat van onze keuze zal echter geopenbaard worden door de eeuwige gelukzaligheid van de hemel of de eeuwige straf in de hel.

Bovendien, moet je de gevolgen van je beslissingen die je ooit gemaakt hebt zelf dragen, dus je kan niemand anders ervoor beschuldigen. Dat is de reden waarom je niet kan zeggen "Ik heb de Here verlaten vanwege de vervolging van mijn ouders" of "Ik kon de dag des Here niet heiligen of mijn gehele tiende brengen, vanwege mijn echtgeno(o)t(e)." Als iemand geloof heeft, zal hij zeker de Here vrezen en al Zijn geboden onderhouden.

Pilatus, wiens tong afgesneden is vanwege zijn eigen lafhartige woorden, is berouwvol en heeft spijt, terwijl hij voortdurend gefolterd wordt in het Onder Graf. Na de dood, is er echter geen tweede kans voor Pilatus.

Degene die echter nog levend zijn, hebben nog een kans. Je zou nooit moeten aarzelen om God te vrezen en Zijn geboden te onderhouden. Jesaja 55:6-7 vertelt ons, *"Zoekt de HERE, terwijl Hij Zich laat vinden; roept Hem aan, terwijl Hij nabij is. De goddeloze verlate zijn weg en de ongerechtige man zijn gedachten en hij bekere zich tot de HERE, dan zal Hij Zich over hem ontfermen – en tot onze God, want Hij vergeeft veelvuldig."* Omdat God liefde is, staat Hij ons toe om te weten wat er in de hel gebeurt, terwijl we nog leven. Hij doet dat op deze wijze, om vele mensen wakker te schudden uit hun geestelijke slaap, en bekrachtigd en bemoedigd ons om het goede nieuws te verspreiden, aan nog meer mensen, zodat ook zij mogen leven in Zijn genade en barmhartigheid.

## 6. De straf van Saul, de eerste koning van Israel

Jeremia 29:11 vertelt ons dat *"'Want Ik weet, welke gedachten Ik over u koester, luidt het woord des HEREN, gedachten van vrede en niet van onheil, om u een hoopvolle toekomst te geven.'"* Het woord werd gegeven aan de Joden, toen ze verbannen werden naar Babylon. Dit zijn de verzen van de profetieën van Gods vergeving en genade, welke gegeven wordt aan Zijn mensen, wanneer ze verbannen worden vanwege hun zonden tegen hun God.

Om dezelfde reden, verkondigt God de boodschappen over de hel. Dat niet om de ongelovigen en zondaren te vervloeken, maar om degene te verlossen die een zware last dragen als een slaaf van de vijand Satan en de duivel, en voor komt dat mensen die in Zijn beeld geschapen zijn in zo'n wrede plaats vallen.

Dus, in plaats van te vrezen voor de vreselijke toestanden van de hel, is het enige wat we nu moeten doen, de onmetelijke liefde van God begrijpen, en als je een ongelovige bent, Jezus Christus aannemen als je persoonlijke Redder vanaf dit punt. Wanneer je niet geleefd hebt overeenkomstig het Woord van God, en je geloof hebt uitgedragen in Hem, bekeer je dan en doe datgene wat Hij zegt om te doen.

# De Hel

## Saul bleef ongehoorzaam aan God

Toen Saul de troon besteeg, vernederde hij zichzelf op een grote wijze. Hij werd echter zeer snel arrogant om het woord van God te gehoorzamen. Hij viel in de boze wegen om verlaten te worden en uiteindelijk, keerde God Zich van hem af. Wanneer je tegen God zondigt, moet je je gedachten wijzigen en je zonder aarzelen bekeren. Je moet niet proberen om jezelf te verexcuseren of je zonden te verbergen. Alleen dan, zal God je gebeden van bekering ontvangen en de deur tot vergeving openen.

Toen Saul er achter kwam dat God David in zijn plaats had gezalfd, probeerde de koning zijn toekomstige opvolger, zijn wrekende gerechtigheid te doden, gedurende de rest van zijn leven. Saul doodde zelfs de priesters van God die David hielpen (1 Samuel 22:18). Zulke daden zijn net zoals God confronteren, van aangezicht tot aangezicht.

Op deze wijze bleef koning Saul ongehoorzaam en stapelde zijn boze daden op, maar God vernietigde Saul niet onmiddellijk. Ondanks dat Saul achter David aanzat en hem probeerde te doden, gedurende een lange periode, liet God Saul toch leven.

Dat was om twee redenen. Ten eerste, God had de intentie om een groot vat en koning te kneden uit David. Ten tweede, gaf God genoeg tijd en gelegenheden aan Saul om zich te bekeren van zijn zonden.

Als God ons zou doden, wanneer we genoeg zondigen om ter dood gebracht te worden, zou niemand van ons het overleven. God zal vergeven, wachten, en wachten, maar wanneer iemand niet terug keert tot Hem, zal God de andere kant opkijken. Saul kon echter niet het hart van God begrijpen en volgde de verlangens van zijn vlees. Tenslotte, werd Saul dodelijk gewond door boogschutters en doodde toen zichzelf met zijn eigen zwaard (1 Samuel 31:3-4).

### Saul 's lichaam hangt in de lucht

Welke straf wordt toegediend op de arrogante Saul? Een scherpe speer doorsteekt zijn buik, terwijl hij in de lucht hangt. De punt van de speer staat dichtbij andere voorwerpen die gelijken op scherpe messen en geslepen zwaarden.

Het is ontzagwekkend pijnlijk om zo in de lucht te hangen. Het is zelfs nog erger wanneer je in de lucht hangt met een speer die je buik doorboort, en je gewicht voegt enkel toe aan de pijn. De speer scheurt de doorboorde buik aan flarden samen met scherpe messen en handboortjes. Terwijl de huid, spieren, beenderen en ingewanden openscheuren en zichtbaar worden.

Wanneer de boodschappers van de hel van tijd tot tijd Saul benaderen en de speer keren, verscheuren de scherpe messen en handboortjes zijn gehele lichaam. Het draaien van de speer, laat de longen, hart, maag en ingewanden van Saul openbarsten.

Een korte tijd nadat Saul deze verschrikkelijke foltering heeft doorstaan en zijn ingewanden in stukken verscheurt zijn, herstellen al zijn inwendige organen opnieuw. Eens ze volkomen hersteld zijn, benaderen de boodschappers van de hel Saul opnieuw en herhalen de procedure. Terwijl hij lijdt, kijkt Saul terug naar de gelegenheden die hij gekregen heeft om zich te

## De Hel

bekeren, maar die hij in zijn leven genegeerd heeft.

> Waarom was ik ongehoorzaam aan de wil van God?
> Waarom heb Ik tegen Hem gestreden?
> Ik had aandacht moeten schenken toen
> De profeet Samuel mij berispte!
> Ik had me moeten bekeren
> Toen mijn zoon Jonatan smeekte onder tranen!
> Als ik maar niet zo slecht voor David geweest was,
> Was mijn straf misschien lichter geweest....

Het is nutteloos voor Saul om berouw te hebben of zich te bekeren nadat hij in de hel gevallen is. Het is ondragelijk om in de lucht te hangen met een speer in zijn buik, maar wanneer de boodschappers van de hel Saul benaderen voor een nieuwe foltering, wordt Saul overweldigd met angst. De pijn die hij net doorstaan heeft, zijn nog zo echt en levendig voor hem, en hij bezwijkt bijna enkel door eraan te denken.

Saul smeekt misschien, "Laat mij alstublieft alleen!" of "Stop alstublieft met deze folteringen!" maar het is nutteloos. Des te angstiger Saul wordt, des te meer genoegen heeft de boodschapper van de hel erin. Hij keert en keert de speer, en de angst dat zijn lichaam verscheurt wordt, wordt voor eeuwig herhaalt voor Saul.

### Arrogantie is het speerpunt van vernietiging

Het volgende geval is een veel voorkomende zaak in de kerk

vandaag de dag. Een nieuw gelovige, op 't eerste gezicht, zal de Heilige Geest ontvangen en gevuld zijn, Hij zal ijver zijn om God te dienen en Zijn dienstknecht zijn voor een korte periode. Die gelovige zal echter ongehoorzaam beginnen te zijn aan de wil van God, Zijn kerk en Zijn dienstknechten. Wanneer dit toeneemt, zal hij beginnen anderen te oordelen en veroordelen met het woord van God wat hij gehoord heeft. Hij zal ook heel arrogant beginnen worden in zijn daden.

De eerste liefde die hij deelde met de Here zal geleidelijk aan afnemen, en zijn hoop – eens gericht op de hemel – is nu gericht op de dingen van de wereld – dingen die hij eens had verlaten. Zelfs in de kerk, wil hij nu gediend worden door anderen, hij wordt geldzuchtig en zoekt macht, en vervuld de verlangens van het vlees.

Toen hij arm was, heeft hij misschien gebeden, "God, geef mij de zegen van materiële rijkdom!" Wat gebeurt er eens hij de zegening ontvangt? In plaats van het geld te gebruiken om de armen, de zendelingen te helpen en Gods werk te ondersteunen, verkwist hij nu Gods zegeningen door de pleziertjes van de wereld na te jagen.

Hiervoor, weeklaagt de Heilige Geest binnen in de gelovige; zijn geest ondergaat vele moeilijkheden en beproevingen; en misschien is er straf onder weg. Wanneer hij blijft zondigen, kan zijn geweten afstompen. Hij wordt misschien wel onbekwaam om Gods wil te onderscheiden door de hebzucht van zijn hart; en jaagt er naar.

Soms wordt hij zelfs jaloers op Gods dienstknechten, die geliefd en geëerd worden door de leden van hun gemeente.

De Hel

Hij brengt misschien valse beschuldigen over hen en werkt hun bedieningen tegen. Voor zijn eigen voordeel, creëert hij partijruzies binnen de kerk, daarbij vernietigd hij de kerk waar Christus in verblijft.

Zo'n persoon zal God voortdurend confronteren en een werktuig van de vijand Satan en de duivel worden, en uiteindelijk gelijken op Saul.

**God wederstaat de hoogmoedigen, maar geeft genade aan de nederigen**

1 Petrus 5:5 zegt dat *"Evenzo gij, jongeren, onderwerpt u aan de oudsten. Omgordt u allen jegens elkander met nederigheid, want God wederstaat de hoogmoedigen, maar de nederigen geeft Hij genade."* De hoogmoedigen oordelen de boodschap die gepreekt wordt vanaf het podium, terwijl ze het horen. Ze aanvaarden datgene wat overeenstemt met hun eigen denken, maar verwerpen datgene wat niet overeenstemt. De meeste menselijk gedachten zijn anders dan die van God. Je kan niet zeggen dat je gelooft en God liefhebt, als je alleen maar de dingen aanvaardt die overeenstemmen met je eigen gedachten.

1 Johannes 2:15 zegt ons, *"Hebt de wereld niet lief en hetgeen in de wereld is. Indien iemand de wereld liefheeft, de liefde des Vaders is niet in hem."* Evenzo wanneer de liefde van de Vader niet met die persoon is, heeft hij of zij geen gemeenschap met God. Dat is de reden, dat wanneer je beweert in gemeenschap met Hem te zijn, maar nog in de duisternis wandelt, je liegt en niet leeft door de waarheid (1 Johannes 1:6).

Je zou altijd voorzichtig moeten zijn en voordurend jezelf moeten onderzoeken om te zien of je al dan niet arrogant geworden bent, of je al dan niet anderen wil dienen, in plaats van zelf bediend te worden, en of de liefde voor de wereld nog in je hart is.

## 7. Het vierde niveau van straf voor Judas Iskariot

We hebben gezien dat de straffen van het eerste, tweede en derde niveau in het Onder Graf zo erg en wreed zijn dat ze al onze verbeeldingen te boven gaan. We hebben ook verschillende redenen onderzocht waarom deze zielen zulke gruwelijke straffen ontvangen.

Vanaf dit punt, laten we even kijken naar de meest angstaanjagende straffen in het Onder Graf. Wat zijn enkele voorbeelden van het vierde niveau van straffen en wat voor kwaad hebben deze zielen gedaan om dit te verdienen?

### Een onvergeeflijke zonde plegen

De Bijbel vertelt ons dat we vergeving kunnen ontvangen voor sommige zonden door bekering, terwijl er zonden zijn waar geen vergeving voor mogelijk is, de zonde die tot de dood leiden (Matteüs 12:31-32; Hebreeuwen 6:4-6; 1 Johannes 5:16). Mensen die de Heilige Geest lasteren, plegen een doelbewuste zonde terwijl ze de waarheid kennen, en de zonden die gelijken op deze categorie zonden, zullen in de diepste delen van het Onder Graf terecht komen.

We zien bijvoorbeeld vaak mensen die genezen zijn of hun problemen die zijn opgelost door de genade van God. Eerst zijn ze heel enthousiast om voor God en Zijn kerk te werken. We zien echter vele malen dat ze verzocht worden door de wereld en uiteindelijk hun rug naar God toekeren.

Ze gaan weer op in de pleziertjes van de wereld, alleen nu doen ze dat erger dan daarvoor. Ze onderwerpen kerken aan oneer en lasteren andere christenen en Gods dienstknechten. Vaak, zijn degene die openlijk beweren in God te geloven de eersten om te oordelen en plaatsen een kenmerk op kerken of voorgangers als "ketters" gebaseerd op hun eigen perspectieven en meningen. Wanneer ze een kerk zien, gevuld met de Heilige Geest en Gods wonderen die geschieden door Gods dienstknechten, eenvoudigweg omdat ze niet in staat zijn om het te begrijpen, zijn ze snel om de gehele gemeente te oordelen als "ketters" of beschouwen de werken van de Heilige Geest als die van satan.

Ze verraden God en kunnen niet de geest van bekering/ berouw ontvangen. Dus, na de dood, zullen deze christenen hevigere straffen ontvangen dan degene die niet in Jezus Christus geloofden als hun persoonlijke Redder en eindigen in het Onder Graf.

2 Petrus 2:20-21 zegt ons dat *"Want indien zij, aan de bezoedelingen der wereld ontvloden door de erkentenis van de Here en Heiland Jezus Christus, toch weer erin verstrikt raken en erdoor overmeesterd worden, dan is hun laatste*

*De straffen voor de mensen die sterven na hun puberjaren*

*toestand erger dan de eerste. Het zou immers beter voor hen geweest zijn, geen kennis verkregen te hebben van de weg der gerechtigheid, dan met die kennis zich af te keren van het heilige gebod dat hun overgeleverd is."* Deze mensen zijn ongehoorzaam aan het woord van God en dagen Hem uit, ondanks dat ze het woord hebben gekend en daarvoor, zullen zij straffen ontvangen die veel groter en heviger zijn dan die van degene die niet geloofden.

## Mensen wiens geweten gebrandmerkt zijn

De zielen die de straffen van het vierde niveau ontvangen hebben niet alleen onvergeeflijke zonden gedaan, maar hadden ook een gebrandmerkt geweten. Sommige van deze mensen zijn volledige slaven van de vijand Satan en de duivel, die God het hoofd geboden hebben en meedogenloos de Heilige Geest gelasterd hebben. Het lijkt wel of ze Jezus zelf kruisigen aan het kruis.

Jezus onze Redder werd gekruisigd om onze zonden te vergeven en de mensheid te bevrijden van de eeuwige dood. Zijn kostbare bloed verloste iedereen die in Hem geloofde, maar de vloek op mensen die het vierde niveau van straffen ontvangen laat hen niet in aanmerking komen om redding te ontvangen, zelfs niet met het bloed van Jezus. Vandaar, zijn ze vervloekt om gekruisigd te worden aan hun eigen kruisen en ontvangen zij hun eigen straffen in het Onder Graf.

Judas Iskariot, een van Jezus' twaalf discipelen en misschien een van de meest bekende verraders in de geschiedenis van de

# De Hel

mensheid, is het voornaamste voorbeeld. Met zijn eigen ogen, zag Judas de Zoon van God in het vlees. En toch, was Judas niet in staat om zijn hebzucht te verwijderen en zondigde tot het einde. Uiteindelijk werd Judas aangespoord door Satan en verkocht zijn leraar voor 30 zilverstukken.

### Ongeacht hoeveel Judas Iskariot zich wilde bekeren

Wie denk je is meer schuldig: Pontius Pilatus die Jezus veroordeelde tot kruisiging of Judas Iskariot die Jezus verkocht aan de Joden? Jezus' antwoordt op een van Pilatus vragen voorziet ons van een duidelijk antwoord:

> *"Gij zoudt geen macht tegen Mij hebben, indien het u niet van boven gegeven ware: daarom heeft hij, die Mij aan u heeft overgeleverd, groter zonde"* (Johannes 19:11).

De Zonde die Judas pleegde was een veel grotere zonde, een waarvan hij niet vergeven kon worden en geen geest van bekering voor kon ontvangen. Toen Judas de grootheid van zijn zonde besefte, had hij spijt en bracht het geld terug, maar hij ontving nooit een geest van bekering.

Uiteindelijk, niet in staat om de last van zijn zonde te dragen, pleegde Judas Iskariot in zijn angst en wanhoop zelfmoord. Handelingen 1:18 vertelt ons dat Judas *"voorovergestort, is hij midden opengereten en al zijn ingewanden zijn naar buiten gekomen,"* en beschrijft zijn ellendige einde.

*De straffen voor de mensen die sterven na hun puberjaren*

### Judas hangt aan een kruis

Wat voor soort straf ontvangt Judas in het Onder Graf? In het diepste deel van het Onder Graf, hangt Judas aan een kruis op het voorste gedeelte. Met Judas en zijn kruis voorop, staan de kruisen op een lijn van al degene die God geconfronteerd hebben. Het zicht gelijkt op een massa graf of een begraafplaats na een grootschalige oorlog of een slachthuis gevuld met dood vee.

Kruisiging is een van de meest wrede straffen, zelfs hier op deze aarde. Het gebruik van kruisiging dient als een voorbeeld, alsook als een waarschuwing voor alle misdadigers en mogelijke misdadigers in de toekomst. Iedereen die aan kruis hangt, welke een grotere angst is dan de dood zelf, verlangt gedurende enkele uren – waarbij de lichaamsdelen in stukken verscheuren, insecten bijten en al het bloed uit zijn lichaam stroomt – er ernstig naar om zijn laatste adem zo snel mogelijk uit te blazen.

In deze wereld, duurt de pijn van een kruisiging hooguit een halve dag. In het Onder Graf waar echter geen einde aan de foltering komt, en zeker geen dood, zal de tragedie van de straf door kruisiging voortduren tot de dag van het Oordeel.

Bovendien, draagt Judas een kroon gemaakt van doornen, welke voortdurend groeien en zijn huid openrijten, zijn schedel en zijn hersenen doorboren. Bovendien, zijn er onder zijn voeten kronkelde dieren. Als je het van dichterbij bekijkt dan zie je dat ze zich openbaren als andere zielen die in het Onder Graf gevallen zijn, en zelfs zij folteren Judas. In deze wereld, hebben zij ook God geconfronteerd en het boze vergaard, terwijl hun geweten gebrandmerkt was. Ook zij ontvangen erge straffen en folteringen, en des te meer foltering zij ontvangen, des te gewelddadiger ze worden. Om zo hun boosheid en angst uit te werken, blijven ze Judas doorsteken met speren.

De boodschappers van de hel spotten met Judas, zeggende, "Dit is degene die de Messias verkocht! Hij heeft de dingen goed gemaakt voor ons! Goed voor hem! Hoe belachelijk!"

**Grote mentale foltering voor het verkopen van de Zoon van God**

In het Onder Graf, ondergaat Judas niet alleen lichamelijke foltering, maar ook een ondragelijke hoeveelheid mentale foltering. Hij zal altijd herinneren dat hij vervloekt is vanwege het verkopen van de Zoon van God. Bovendien, omdat de naam "Judas Iskariot" overeenkomend in betekenis met verraad, zelfs in deze wereld, neemt zijn mentale foltering overeenkomstig toe.

Jezus wist van te voren dat Judas Hem zou verraden en wat er zou gebeuren met Judas na de dood. Dat is de reden waarom Jezus probeerde om Judas terug te winnen met het woord, maar Hij wist ook dat Judas niet teruggewonnen zou worden. Dus, in Marcus 14:21 vinden we Jezus weeklagend, *"Want de Zoon des mensen gaat wel heen gelijk van Hem geschreven staat, doch wee die mens, door wie de Zoon des mensen verraden wordt. Het ware voor die mens goed, als hij niet geboren was."*

Met andere woorden, wanneer een persoon het eerste niveau van straf ontvangt, welke de lichtste straf is, zou het beter voor hem geweest zijn als hij niet geboren was, omdat de pijn zoveel groter en ernstiger is. Wat nu met Judas? Hij ontvangt de zwaarste straffen!

**Om niet in de hel te vallen**

Wie dan vreest God en onderhoudt Zijn geboden? Dat is degene die altijd de dag van de Here heiligt en zijn gehele tiende geeft aan God – de twee fundamentele elementen van het leven in Christus.

De Dag des Heren onderhouden symboliseert dat je de soevereiniteit van God van de geestelijke wereld erkent. De dag des Heren heiligen dient als een teken van erkenning en onderscheiding dat je een van Gods kinderen bent. Wanneer je dag van de Here niet heiligt, ongeacht hoeveel je echter je geloof in Vader God belijd, is er geen geestelijke verificatie van jou zijnde een van Gods kinderen. In zo'n geval heb je geen andere keuze dan naar de hel te gaan.

De gehele tiende geven aan God, betekent dat je Gods soevereiniteit over je bezittingen erkent. Het betekent ook dat je erkent en begrijpt dat Gods enige eigendomsrecht van de gehele universum is. Overeenkomstig Maleachi 3:9; werden de Israëlieten vervloekt nadat ze God "beroofd" hadden. Hij schiep het gehele universum en gaf een leven aan jou. Hij heeft ons het zonlicht en de regens om te leven, de energie om te werken, en de bescherming om ons te beschermen tijdens het dagelijkse werk. God bezit alles wat je hebt. Dus, zelfs al ons inkomen behoort God toe, Hij staat ons toe om enkel een tiende te geven van alles wat we verdienen, en de rest te gebruiken tot onze beschikking.

## De Hel

De Here der heerscharen zegt in Maleachi 3:10, *"Breng de gehele tiende naar de voorraadkamer, opdat er spijze zij in mijn huis; beproeft Mij toch daarmede, zegt de HERE der heerscharen, of Ik dan niet voor u de vensters van de hemel zal openen en zegen in overvloed over u uitgieten."* Zo lang wij getrouw blijven aan Hem wat betreft de tiende, zal God, zoals Hij beloofd heeft, de sluizen van de hemel openen en zo veel zegen geven dat we niet voldoende ruimte ervoor hebben. Hoe dan ook, wanneer je de tiende echter niet aan God geeft, betekent dat dat je niet in Zijn belofte gelooft van zegening, gebrek aan geloof voor redding hebt, en daar je God beroofd hebt, heb je geen enkele plaats om heen te gaan dan naar de hel.

Daarom moeten we altijd de dag des Heren heiligen, de gehele tiende geven aan degene Wie het toebehoort en al Zijn geboden onderhouden die beschreven zijn in de zesenzestig boeken van de Bijbel. Ik bid dat geen enkele lezer van dit boek in de hel zal vallen.

In dit hoofdstuk, hebben we dieper gekeken naar de verschillende soorten van straffen – onderverdeeld in vier grote niveaus – die toegediend worden aan de veroordeelde zielen in het Onder Graf. Hoe wreedt, angstaanjagend, en ellendig is deze plaats?

2 Petrus 2:9-10 vertelt ons dat *"dan weet de Here de godvruchtigen uit de verzoeking te verlossen en de onrechtvaardigen te bewaren om hen op de dag des oordeels te straffen, vooral hen, die, begerig naar onreinheid, het vlees*

*volgen en (hemelse) heerschappij verachten. Zulke vermetelen, vol van zelfbehagen, schromen niet de heerlijkheden te lasteren."*

Slechte mensen die zondigen en het kwade doen, en het werk van de gemeente belemmeren of ontwrichten, vrezen God niet. Zulke mensen, die schaamteloos God confronteren kunnen en zouden niet moeten zoeken of verwachten om hulp te krijgen van God in tijden van moeilijkheden en beproevingen. Totdat het Oordeel van de Grote Witte Troon is volbracht, zullen zij opgesloten worden in de dieptes van het Onder Graf en straffen ontvangen overeenkomstig de soort en grote van hun boze daden.

Degene die een goed, rechtvaardig en toegewijd leven leiden zijn altijd in gehoorzaamheid aan God in geloof. Dus, zelfs wanneer de goddeloosheid van de mensheid de aarde vervuld, en God de sluizen van de hemelen openen, zien we dat enkel Noach en zijn gezin gered werd (Genesis 6-8).

De wijze waarop Noach God vreesde en Zijn geboden gehoorzaamde en daardoor ontkwam aan het oordeel en redding bereikte, moeten ook wij gehoorzame kinderen van God worden in alles wat we doen zodat we echte kinderen van Gods zullen worden en Zijn voorziening zullen volbrengen.

## Hoofdstuk 6

# De straffen voor het lasteren van de Heilige Geest

1. Lijden in een pot met kokende vloeistof
2. Op een loodrechte steile rotswand klimmen
3. Verbrand in de mond door een heet ijzer
4. Ontzagwekkend grote foltermachines
5. Gebonden aan de stam van een boom

*"En een ieder, die een woord
zal spreken tegen de Zoon des mensen,
het zal hem vergeven worden;
maar wie tegen de heilige Geest zal lasteren,
het zal hem niet vergeven worden."
- Lucas 12.10 -*

*"Want het is onmogelijk, degenen, die eens verlicht zijn geweest,
van de hemelse gave genoten hebben en deel gekregen
hebben aan de heilige Geest, en het goede woord Gods
en de krachten der toekomende eeuw gesmaakt hebben,
en daarna afgevallen zijn, weder opnieuw tot bekering
te brengen, daar zij wat hen betreft de Zoon
van God opnieuw kruisigen en tot een bespotting maken.
- Hebreeën 6:4-6 -*

*De straffen voor het lasteren van de Heilige Geest*

In Matteüs 12:31-32, vertelt Jezus ons, *"Alle zonde en lastering zal de mensen vergeven worden, maar de lastering van de Geest zal niet vergeven worden. Spreekt iemand een woord tegen de Zoon des mensen, het zal hem vergeven worden; maar spreekt iemand tegen de heilige Geest, het zal hem niet vergeven worden, noch in deze eeuw, noch in de toekomende."*

Jezus uitte deze woorden tegen de Joden, die Hem beschuldigden voor het prediken van het Evangelie en het verrichten van werken door goddelijke kracht. Ze argumenteerden met Hem, dat Hij het deed door boze geesten of dat Hij deze wonderen verrichtte door de kracht van de vijand Satan en de Duivel.

Zelfs vandaag de dag, zijn er vele mensen die hun geloof belijden in Christus en de kerken veroordelen die vervuld zijn met de krachtige werken en wonderen van de Heilige Geest, en bestempelen deze als "ketters" of "het werk van de duivel," eenvoudigweg om dat ze niet in staat zijn om het te begrijpen of te aanvaarden. Wie kan dan echter het Koninkrijk van God uitbreiden en het evangelie verkondigen over de wereld, zonder kracht en autoriteit welke van God komt, welke de werken van de Heilige Geest zijn, om het zo te zeggen?

Opkomen tegen de werken van de Heilige Geest is niets anders dan opstaan tegen God zelf. God, zal degene die opkomen tegen de werken van de Heilige Geest niet erkennen als Zijn kinderen, ongeacht hoe vaak ze zich zelf als "christen" beschouwen.

# De Hel

Dus gedenk, dat na het zien en ervaren van Gods verblijf met Zijn dienstknechten en wonderlijke tekenen en gebeurtenissen die plaats hebben genomen, iemand toch Gods dienstknechten en Zijn kerk veroordelen als zijnde ketterij, de Heilige Geest gelasterd en belemmerd heeft, is de enige plaats die voorbehouden is voor die persoon in de diepte van de hel.

Wanneer een kerk, een voorganger, of enige andere dienstknecht van God waarlijk de Drie-eenheid van God erkent, de Bijbel gelooft als zijnde het Woord van God en het ook zo onderwijst, zich bewust is van het leven dat komt in of de hemel of de hel en het Oordeel, en gelooft dat God soeverein is in alle dingen en Jezus onze Redder is en het ook zo onderwijst, zou niemand de kerk, de voorganger en de dienstknechten van God als "ketters" mogen of kunnen veroordelen.

Ik heb de Manmin Joong-ang Gemeente opgericht in 1982 en heb talloze mensen geleid op de weg van redding door de werken van de Heilige Geest. Verbazingwekkend waren er onder de mensen die persoonlijk de werken van de levende God hadden ervaren, zij die eigenlijk God confronteerden door actief de doelen van de gemeente tegen te werken, geruchten te verspreiden en logen over mij en de gemeente.

Terwijl ik de ellende en pijn van de diepte van de hel uitlegde, openbaarde God mij ook de straffen die toegediend zullen worden aan degene die opkwamen, ongehoorzaam waren of de Heilige Geest gelasterd hebben. Wat voor soort straffen zullen zij ontvangen?

*De straffen voor het lasteren van de Heilige Geest*

# 1. Lijden in een pot met kokende vloeistof

Ik heb spijt en vervloek de huwelijksbeloften
die ik heb gemaakt met mijn man.
Waarom ben ik in deze vreselijke plaats?
Hij heeft mij misleid en vanwege hem, ben ik hier!

Dit is een weeklacht van een vrouw die het vierde niveau van straf ontvangt in het Onder Graf. De reden dat haar wanhopige kreun echoot door de donkere en asachtige ruimte, is omdat haar man haar misleidt heeft om God met hem te confronteren.

De vrouw was slecht, maar toch had haar hart tot zekere mate God gevreesd. Dus de vrouw was niet in staat om de Heilige Geest te belemmeren en wedijverde met God op eigen houtje. Hoe dan ook in het najagen van haar eigen vlees, ging haar geweten gepaard met de kwaadaardigheid van haar mans geweten, en het koppel stond op tegen God en Zijn werken.

Het koppel wat het kwade samen deed als een echtpaar in het Onder Graf, en zal lijden voor hun boze daden. Wat dan zullen hun straffen in het Onder Graf tot gevolg hebben?

### Een echtpaar wordt een voor een gefolterd

De pot is gevuld met een vreselijke stank en de veroordeelde zielen worden ondergedompeld in een levendige, kokende vloeistof, een voor een. Wanneer een boodschapper van de hel iedere ziel in de pot gooit, verschroeid de temperatuur van de vloeistof het gehele lichaam – het gelijkt heel erg op de rug van

## De Hel

een pad – en de oogballen springen er uit.

Iedereen keer, wanneer ze wanhopig proberen te ontsnappen aan deze foltering en hun hoofd uit pot steken, trappelen grote voeten op hun hoofd en dompelen ze onder. Vlakbij de zolen van deze grote voeten van de boodschappers van de hel, zijn dunne ijzers of koperen vleespennen. Wanneer ze ondergedompeld worden door deze voeten, worden de zielen terug in de pot gedwongen met grote diepe sneden en kneuzingen.

Na een tijdje, steken de zielen opnieuw hun hoofd uit, omdat het brandende gevoel niet kunnen uitstaan. Precies op dat moment, als vele keren daarvoor, stampten en duwden ze hen terug in de pot. Bovendien, omdat de zielen om de beurt gefolterd worden in het ontvangen van deze foltering, wanneer de man in de pot is, moet de vrouw toekijken hoe wanhopig hij is en vice versa.

Deze pot is transparant, dus de inhoud van de pot is zichtbaar aan de buitenzijde. In 't begin, wanneer de man of de vrouw, zijn of haar geliefde gefolterd ziet worden en op zo'n wrede manier gefolterd wordt, smeken ze uit wederzijdse genegenheid, om genade voor de ander:

Mijn vrouw is daar in!
Haal haar er alstublieft uit!
Verlos haar alstublieft uit haar ellende.
Nee, nee, verpletter haar niet.
Haal haar er alstublieft uit!

Na enige tijd, houden de dringende verzoeken van de man

op. Na enige tijd gestraft te zijn, komt hij tot het besef dat wanneer zijn vrouw lijdt, hij in staat is om een pauze te nemen, en dat wanneer zij uit de pot komt, het zijn beurt is om er in te gaan.

### Elkaar beschuldigen en vervloeken

Getrouwde echtparen in deze wereld, zullen geen echtparen zijn in de hemel. Dit echtpaar echter, zal als een echtpaar blijven in het Onder Graf, en de straffen samen ontvangen. Dus, omdat ze weten dat ze om de beurt straffen ontvangen, veranderen hun dringende verzoeken drastisch met andere tonen.

Nee, nee, haal haar er alstublieft niet uit.
Laat haar er een beetje langer in blijven.
Laat haar er alstublieft in blijven
Zodat ik nog een klein beetje kan rusten.

De vrouw wil dat haar man voortdurend lijdt, en de man smeekt ook dat zijn vrouw zo lang mogelijk in de pot blijft. Kijken hoe de ander lijdt, geeft echter de ander geen tijd om te rusten. Korte pauzes zijn niets in vergelijking met de blijvende wanhoop, vooral omdat de man weet dat na zijn vrouw, het zijn beurt is. Bovendien wanneer de een gefolterd wordt en het ziet en hoort, smeekt de andere voor langere straffen, de twee vervloeken elkaar.

Hier worden we ons duidelijk bewust van het resultaat van vleselijke liefde. De realiteit van vleselijke liefde – en de realiteit

# De Hel

van de hel – is dat wanneer de andere ondragelijk veel gefolterd wordt, wenst hij of zij dat de andere gestraft wordt, in zijn/haar plaats.

Terwijl de vrouw spijt heeft dat ze God geconfronteerd heeft, zegt ze ijverig tot haar man, "Het komt door jou dat ik hier ben!" Als antwoordt en met een luidere stem, vervloekt en beschuldigd de man zijn vrouw die hem ondersteunde en deel nam aan zijn boze daden.

**Des te meer het echtpaar zondigde…**

De boodschappers van de hel in het Onder Graf zijn zo vreugdevol en behaagt met deze man en vrouw, die elkaar vervloeken, en de boodschapper dringend verzoeken dat hun echtgeno(o)t(e) meer en langer gestraft wordt.

Kijk, ze vervloeken elkaar zelfs hier!
Hun boosheid verheugd ons zo veel!

Alsof ze naar een interessante film kijken, letten de boodschappers van de hel goed op en zo nu en dan voeren ze het vuur meer aan om nog meer te genieten. Des te meer de man en de vrouw lijden, des te meer ze elkaar vervloeken en natuurlijk, des te luider de boodschappers van de hel lachen.

We moeten hier duidelijk een ding begrijpen. Wanneer mensen het kwade doen in dit leven, hebben de boze geesten daar genoegen in en zijn ze vreugdevol. Tegelijkertijd, des te meer kwaad de mensen doen, des te meer ze vervreemden van

God.

Wanneer je door moeilijkheden heen gaat en je een compromis maakt met de wereld, weeklaagt, klaagt, en bitter wordt naar bepaalde mensen of situaties toe, komt de vijand duivel meer en meer naar je toe rennen, en vermeerderd met blijdschap je moeilijkheden en problemen.

De wijze mensen die de wet van de geestelijke wereld kennen zullen nooit weeklagen of klagen, maar in plaats daarvan dank geven onder alle omstandigheden en in een positieve houding altijd hun geloof belijden voor God, zodat ze er zeker van zijn dat hun harten altijd op Hem gericht zijn. Bovendien, wanneer een boos persoon, je kwelt, zoals Romeinen 12:21 ons zegt, *"Laat u niet overwinnen door het kwade, maar overwin het kwade door het goede"* moet je het kwade altijd tegemoet zien met het goede en alles toewijden aan God.

Evenzo, wanneer je het goede volgt en in het licht wandelt, zal je de kracht en de autoriteit bezitten om de invloed van boze geesten te overwinnen. Dan kunnen de vijand Satan en de duivel je niet verantwoordelijk houden als zijnde boosaardig en al je moeilijkheden zullen veel sneller voorbij zijn. God heeft welgevallen wanneer Zijn kinderen handelen en leven overeenkomstig hun goede geloof.

Onder geen enkele omstandigheid zou het boosaardige voort moeten komen vanuit de wegen van onze vijand Satan en de duivel, maar denk altijd in waarheid en handel in geloof op zo'n wijze dat het onze Vader God behaagt.

## 2. Op een loodrechte steile rotswand klimmen

Of je nu een dienstknecht van God bent, een oudste of een werker in Zijn gemeente, zal je op een dag toch een prooi worden voor de Satan als je niet je hart besnijdt, maar blijft zondigen. Sommige mensen keren zich af van God omdat ze van de wereld houden. Anderen stoppen met het gaan naar de kerk nadat ze verzocht zijn. Nog anderen staan op tegen God door de plannen en zendingen van Zijn kerk tegen te werken, welke hen hopeloos achterlaat op het pad van de dood.

**Een geval van een hele familie die God verraadden**

Het volgende is een verhaal over een familie van een persoon die eens getrouw werkte voor Gods kerk. Ze besneden hun harten niet, welke gevuld waren met opvliegendheid en hebzucht. Daarom gebruikten ze hun kracht voor andere gemeenteleden en deden herhaaldelijk zonde. Uiteindelijk kwam Gods oordeel op hen, toen de vader van het gezin getroffen werd met een ernstige ziekte. De gehele familie kwam samen en begon gebeden van ernstige bekering te offeren aan God, alsook gebeden voor zijn leven.

God ontving hun gebeden van bekering en genas de vader. In die tijd, vertelde God mij iets wat volkomen onverwacht was: "Als Ik nu zijn geest roep, zal hij misschien ternauwernood redding ontvangen. Als Ik hem nog langer laat leven, zal hij geen redding ontvangen."

*De straffen voor het lasteren van de Heilige Geest*

Ik begreep niet wat Hij bedoelde, maar enkele maanden later, terwijl ik getuige was van de houding van deze familie, begreep ik het heel snel. Een gezinslid van de familie was een getrouw werker in mijn gemeente. Hij begon Gods gemeente en Zijn koninkrijk te belemmeren door valse getuigenissen tegen de gemeente af te leggen en vele boze daden uit te dragen. Uiteindelijk werd de gehele familie misleid en iedereen keerde zich af van God.

Toen de voormalige werker van mijn gemeente de Heilige Geest zo tegenwerkte en ernstig gelasterd had, deden ook de rest van de familie onvergeeflijke zonden, en de vader die eens door mijn gebeden was opgewekt, stierf spoedig daarna. Als de vader gestorven was toen hij nog een klein beetje geloof had, zou hij gered geweest zijn. Toen hij echter zijn geloof verliet, liet hij echter geen enkele kans voor redding na. Bovendien zal ook elk ander familielid in het Onder Graf terecht komen, waarin ook de vader gevallen is, en waar iedereen van de familie straf zal ontvangen. Wat zal hun straf inhouden?

### Op een loodrechte steile rotswand klimmen zonder rust

In het gebied waar de familie gestraft wordt, staat er een loodrechte steile rotswand. De rotswand is zo groot, dat de top er niet zichtbaar van is. Angstaanjagende geluiden vullen de lucht. Ongeveer halverwege deze bloederige rotswand worden drie zielen gestraft, die vanaf een afstand lijken op drie kleine punten.

Ze klimmen op deze ruwe en harde rotswand met blote

De Hel

handen en blote voeten. Alsof hun handen en voeten geschuurd worden met schuurpapier, wordt hun huid snel gevild en uitgeput. Hun lichamen zijn ondergedompeld in bloed. De reden waarom ze op deze bijna onmogelijke rotswand klimmen is om de boodschapper van de hel te vermijden die boven dat gebied vliegt.

Wanneer die boodschapper van de hel, nadat hij een poosje gekeken heeft naar de drie zielen die op deze rotswand klimmen, zijn hand omhoog heft, worden kleine insecten die precies gelijken op de boodschapper van hel verspreid over het gehele land zoals partikels van water die uit een spuitbus komen. Terwijl ze hun scherpe tanden laten zien met hun mond wijdt open, klimmen deze insecten snel op en jagen achter de zielen.

Veronderstel je, dat je honderden duizendpoten, vogelspinnen of kakkerlakken ziet, ze hebben allemaal ongeveer de grote van een vinger, en bedekken de volledige vloer van je woonplaats. Veronderstel je ook eens dat al deze angstaanjagende insecten in een keer naar je toe rennen.

Het zicht van zulke insecten alleen al is angstaanjagend voor ons. Wanneer al die insecten in een keer naar je toe rennen, zal dat de meest bloedstollende moment van je leven zijn. Wanneer deze insecten op je voeten en benen beginnen te klimmen en spoedig je hele lichaam bedekken, hoe kan iemand ooit zo'n verschrikkelijke voorstelling beschrijven?

In het Onder Graf, is het echter onmogelijk om te vertellen of het nu honderd of duizend van deze insecten zijn. De zielen weten enkel dat er ontelbare insecten aanwezig zijn, en dat de drie hun prooi zijn.

## Talloze insecten haasten zich naar de drie zielen

Wanneer ze de insecten aan de bodem van de rotswand zien, klimmen de drie zielen sneller en sneller. Maar niet lang daarna worden de drie zielen onmiddellijk gevangen, overweldigd en vallen ze op de grond waar ze geheel alleen zijn en hun gehele lichaam opgegeten wordt door deze vreselijke insecten.

Wanneer de lichaamsdelen van deze zielen wordt opgegeten, is de pijn zo groot en ondragelijk, dat ze het uitschreeuwen als dieren en hopeloos hun lichaam schudden en bewegen. Ze proberen de insecten van zich af te schudden, en doen dat door op elkaar de trappen en elkaar naar beneden te duwen, terwijl ze voortdurend elkaar terechtwijzen en vervloeken. Te midden van zo'n angst, straalt de een meer boosheid uit dan de andere, en zoekt enkel zijn/haar eigen voordelen en gaan voortdurend door met het vervloeken. De boodschappers van de hel hebben daar veel plezier in, meer dan wat ze ooit gezien hebben.

Wanneer de boodschapper van de hel dan, over het gehele gebied zweeft zijn hand omhoog houdt om al deze insecten weer te verzamelen, verdwijnen ze in een oogwenk. De drie zielen voelen nu niet meer dat de insecten hun lichaam opeten, maar ze kunnen niet stoppen met het klimmen op de loodrechte steile rotswand. Ze zijn zich goed bewust dat de boodschapper van de hel die over het gebied vliegt, spoedig de insecten weer zal vrijlaten. Met al hun kracht, beginnen ze opnieuw op de steile rotswand te klimmen. In deze lugubere kalmte, zijn de drie zielen bevangen met een verterende angst om de dingen die komende zijn en beklimmen ze met moeite de rotswand.

De Hel

De pijn van diepe sneden die ze oplopen wanneer ze klimmen kunnen niet gemakkelijk genegeerd worden. Maar omdat ze nog steeds beangstigd zijn voor de insecten die hun lichamen opeten, en hoe ze opgegeten worden, bekijken de drie zielen hun lichaam wat met bloed overdekt is, en klimmen zo snel mogelijk. Hoe verschrikkelijk is dit zicht!

## 3. Verbrand in de mond door een heet ijzer

Spreuken 18:21 zegt ons dat *"Dood en leven zijn in de macht der tong, wie aan haar toegeeft, zal haar vrucht eten."* Jezus zegt ons in Matteüs 12:36-37, *"Van elk ijdel woord, dat de mensen zullen spreken, zullen zij rekenschap geven op de dag des oordeels, want naar uw woorden zult gij gerechtvaardigd worden, en naar uw woorden zult gij veroordeeld worden."* De twee schriftgedeeltes vertellen ons dat God ons verantwoordelijk houdt om de woorden die we spreken en anderen overeenkomstig te oordelen.

Aan de ene kant, degene die goede woorden spreken van waarheid, dragen goede vruchten overeenkomstig hun woorden. Aan de andere kant, degene die boze woorden uiten zonder geloof, dragen slechte vruchten overeenkomstig de boze woorden die ze gesproken hebben door hun boze mond. We zien soms hoe woorden die onzorgvuldig uitgesproken zijn een ondragelijke grote pijn en wanhoop kunnen veroorzaken.

## Elk woord zal terugbetaald worden

Sommige gelovigen, zeggen of bidden vanwege vervolging in hun familie, "Als mijn familie maar tot bekering kon komen door een ongeluk, dan zou dat het waard zijn." Zodra de vijand Satan en de duivel deze woorden horen, klagen ze de persoon aan bij God, zeggende, "De woorden van deze persoon zouden vervuld moeten worden." Dus woorden worden een zaad en het ongeluk, waardoor mensen onbekwaam worden en aanzienlijk veel moeilijkheden door maken, vindt uiteindelijk plaats.

Is het een noodzaak om onszelf te laten lijden met zulke dwaze en onnodige woorden? Jammer genoeg, wanneer kwellingen hun leven bedekken, struikelen vele mensen. Anderen beseffen niet eens dat de moeilijkheden gekomen zijn door hun eigen woorden, en weer anderen kunnen zich zelfs niet herinneren dat ze zo iets hebben uitgesproken in wanhoop.

Daarom moeten wij ons herinneren dat elke woord wat we zeggen, terug zal komen op de een of andere wijze, we moeten ons goed gedragen en onze tongen in bedwang houden. Ongeacht de intentie, of datgene wat we nu spreken alles behalve goed en mooi is, kan Satan gemakkelijk – en zal hij zeker – je verantwoordelijk houden voor je woorden en zal je onderworpen worden aan angst, en soms onnodige, moeilijkheden.

Wat zou er gebeuren met degene die gewillig liegen over Gods gemeenten en Zijn geliefde dienstknechten, en daarbij de opdrachten van de gemeente hindert en God confronteert? Hij of zij zal snel geleid worden onder Satans invloed en aan de straffen van de hel.

De Hel

Het volgende is enkel een voorbeeld van de straffen die toegediend zullen worden aan al degene die de Heilige Geest hebben tegengewerkt met hun woorden.

**Mensen komen op tegen de Heilige Geest met woorden**

Er was een persoon die naar mijn gemeente kwam en daar diende gedurende een lange tijd, en die persoon had vele verschillende soorten posities. Hij besneed echter nooit zijn hart, wat eigenlijk het meest belangrijke ding is, wat vereist wordt van alle christenen. Aan de buitenkant leek hij een getrouwe werker die van God hield, de gemeente en zijn mede gemeenteleden.

Onder zijn familieleden was er iemand die genezen was van een ongeneeslijke ziekte, welke hem definitief onbekwaam zou maken en iemand anders die bijna dood was, werd opgewekt. Naast dit alles, heeft zijn familie vele ervaringen en zegeningen van God ervaren, maar hij heeft nooit zijn hart echt besneden en alle kwaad verwijderd.

Dus, toen de gehele gemeente serieuze moeilijkheden onderging, werden zijn familieleden verzocht door satan om verraad te plegen. Hij herinnerde zich niet de genade en zegeningen die hij ontvangen had, door de kerk, maar hij verliet de kerk die hij gedurende lange periode gediend had. Bovendien, begon hij deze gemeente te lasteren en iedere keer wanneer we op evangelisatie zendingen waren, begon hijzelf de gemeenteleden te bezoeken en bemoeide zich met hun geloof.

Ook al had hij de gemeente verlaten, vanwege zijn

onzekerheid van zijn geloof, had hij waarschijnlijk toch Gods bewogenheid mogen ervaren op het einde, als hij zich stil had gehouden over zaken waar hij niet alles over wist, en het goede van het kwade had onderscheiden.

Hij kon echter zijn eigen boze daden niet overwinnen en zondigde te veel met zijn tong, dat er nu enkel nog wanhopige terugbetaling op hem wacht.

### Mond verschroeid en lichaam verdraaid

Een boodschapper van de hel verschroeid zijn mond met een heet ijzer, omdat hij de Heilige Geest ernstig heeft gelasterd met de woorden die uit zijn mond kwamen. Deze straf is evenredig met die van Pontius Pilatus, die Jezus veroordeelde tot kruisiging met de woorden van zijn mond, en nu is zijn tong definitief verwijderd in het Onder Graf.

Bovendien wordt de ziel gedwongen om in een glazen tube te kruipen, die aan beide zijden een stop heeft, waar metalen handvaten aan zijn. Wanneer de boodschappers van de hel deze handvaten aandraaien, wordt het lichaam van de gevangen ziel gedraaid. Zijn lichaam wordt meer en meer gedraaid, en zoals vies water uit een dweil wordt gewrongen, spat het bloed van die ziel uit zijn ogen, neus, mond en alle andere openingen in zijn lichaam. Uiteindelijk, stroomt al zijn bloed en vocht uit zijn cellen.

Kan jij je voorstellen, hoeveel kracht er nodig is om een druppel bloed uit je vinger te krijgen door het te verdraaien?

Het bloed en vocht van de ziel, komt niet alleen van een deel

## De Hel

van het lichaam, maar vanuit zijn hele lichaam, van hoofd tot voetzool. Al zijn beenderen en spier systemen worden verdraaid en scheuren en al zijn cellen vallen uiteen, zodat al het vocht uit zijn lichaam gewrongen kan worden. Hoe pijnlijk moet dat zijn!

Uiteindelijk, is de glazen tube vol met bloed en vocht, zodat het vanaf een afstand, lijkt op een fles rode wijn. Nadat de boodschappers van de hel het lichaam van de ziel uitwringen en uitwringen totdat de laatste druppel vocht uit zijn lichaam is, laten ze het lichaam voor een ogenblik met rust, zodat het kan herstellen.

Zelfs wanneer zijn lichaam echter herstelt, wat voor hoop heeft deze ziel? Vanaf het moment dat zijn lichaam herstelt is, herhaalt het verdraaien en verwringen van zijn lichaam opnieuw, zonder ophouden. Met andere woorden, de ogenblikken tussen zijn folteringen zijn enkel een verlenging van zijn foltering.

Omdat hij het koninkrijk van God gehinderd heeft met zijn tong, worden de lippen van de ziel verschroeid, en als een beloning voor zijn actieve hulp bij de werken van satan, wordt elke druppel vocht uit zijn lichaam gewrongen.

In de geestelijke wereld, oogst een mens wat hij zaait, en wat hij gedaan heeft, zal aan hem gedaan worden. Houdt dit alstublieft in uw gedachten en bezwijk niet voor het kwade, maar doe enkel goede woorden en daden, leef een leven wat God verheerlijkt.

## 4. Ontzagwekkend grote foltermachines

Deze ziel heeft persoonlijk de werken van de Heilige Geest ervaren, toen hij genezen werd van zijn ziekte en zwakheid. Daarna, bad hij met zijn hele hart, om zijn hart te besnijden. Zijn leven werd geleid en voorzien door de Heilige Geest en droeg vrucht, hij won de lof en liefde van de gemeenteleden en werd een dienstknecht.

### Gegrepen door zijn eigen hoogmoed

Terwijl hij de lof en liefde van degene om hem heen verkreeg, werd hij arroganter, zodat hij niet meer op een juiste manier naar zichzelf kon kijken en stopte onbewust met zijn hart te besnijden. Hij was altijd een opvliegend en jaloers man geweest, en in plaats van deze dingen te verwerpen, begon hij alle andere mensen, die het goede deden te oordelen en te veroordelen, en hij hield wrok vast tegen iemand waar hij geen behagen in had of mee overeenstemde.

Wanneer een mens gegrepen wordt in zijn eigen hoogmoed en het kwade doet, komt er meer kwaad vanuit hem en hij beperkt zichzelf niet meer of wenst geen enkel advies meer te ontvangen van iemand. Deze ziel stapelde kwaad op kwaad, werd gevangen in Satans valkuilen en heeft openlijk God gelasterd.

Redding is niet volledig wanneer we de Heilige Geest ontvangen. Zelfs wanneer je gevuld bent met de Heilige Geest, genade ervaart, en God dient, ben je toch als een marathonloper, die nog ver van de eindstreep is – de hemel. Ongeacht hoe snel je misschien ook rent naar een zeker punt, ongeacht hoe dicht we bij de eindstreep zijn, wanneer je stopt tijdens de wedloop, dan is dat het einde van de wedloop voor jou.

**Veronderstel niet dat je standvastig bent**

God zegt ons ook dat wanneer we "lauw" zijn, wij verlaten zullen worden (Openbaringen 3:16). Ook al ben je een man/vrouw van geloof, je moet altijd gevuld zijn met de Heilige Geest; verkrijg passie voor God; en dring je vurig binnen in het koninkrijk van de hemel. Wanneer je halverwege de wedloop stopt, net zoals degene die niet vanaf het begin meelopen in de wedloop, kan je niet gered worden.

Dat is de redden waarom, de apostel Paulus, die getrouw was aan God met zijn gehele hart, beleed dat, *"Zowaar als ik, broeders, op u roem draag in Christus Jezus, onze Here, ik sterf elke dag"* (1 Korinthiërs 15:31) en dat *"Neen, ik tuchtig mijn lichaam en houd het in bedwang, om niet, na anderen gepredikt te hebben, wellicht zelf afgewezen te worden"* (1 Korintiërs 9:27).

Zelfs wanneer je in de positie bent, waarbij je anderen onderwijst, wanneer je je eigen gedachten niet verwerpt en je eigen lichaam niet disciplineert tot slaaf zoals Paulus dat deed, zal God je verlaten. Dat komt omdat *"Uw tegenpartij, de duivel, gaat rond als een brullende leeuw, zoekende wie hij zal verslinden"* (1 Petrus 5:8).

1 Korintiërs 10:12 zegt, *"Daarom, wie meent te staan, zie*

*toe, dat hij niet valle."* De geestelijke wereld is eindeloos en ook het steeds meer en meer worden zoals God, kent geen einde. Net zoals een boer zaad zaait in de lente, het ontgint in de zomer, en zijn oogst binnenhaalt in de herfst, moet je voortdurend voorwaarts gaan om je ziel te overtreffen en voorbereid te zijn om de Here Jezus te ontmoeten.

### Verwringen en pikken op het hoofd

Wat voor soort straffen wachten op deze ziel, die stopte met zijn hart te besnijden, omdat hij dacht dat hij standvastig was, maar uiteindelijk toch viel?

Een machine die gelijkt op een boodschapper van de hel, een gevallen engel, foltert hem. De machine is vele keren groter dan de boodschapper van de hel, en geeft de ziel ontmoedigend gevoel, enkel door er naar te kijken. Aan de handen van de foltermachine zijn scherpe, puntige vingernagels, die langer zijn dan een gemiddeld mens.

Deze grote foltermachine houdt de ziel vast bij de nek met zijn rechter hand en verdraaid het hoofd van de ziel met de vingernagels van zijn linkerhand, welke zijn hoofd pikt en in zijn hersenen timmert. Kan je je voorstellen hoe pijnlijk dat moet zijn?

Deze fysieke pijn is enorm, de mentale wanhoop is ook ondragelijk. Voor de ogen van de ziel is een soort van een dia die levend schetsen weergeeft van zijn gelukkigste momenten in zijn leven: de gelukzaligheid die hij voelde toen hij eerst Gods genade ervoer, Hem gelukkig prijzende, de tijd toen hij ijverig

De Hel

Jezus gebod vervulde om "te gaan en discipelen te maken van alle natie," enzovoort.

### Geestelijke foltering en bespotting

Voor de ziel, is elke voorstelling een dolk in zijn hart. Hij was eens een dienstknecht van de almachtige God en was vol hoop om te verblijven in het glorieuze Nieuwe Jeruzalem. Nu, is hij opgesloten in deze ellendige plaats. Dit volkomen contrast verscheurt zijn hart in stukken. De ziel kan niet langer de geestelijke foltering ondergaan en begraaft zijn bloederige en onverzorgde hoofd en zijn gezicht in zijn handen. Hij smeekt om genade en een einde aan de foltering, maar er komt geen einde aan zijn angst en wanhoop.

Na een tijdje, zal de foltermachine de ziel op de grond plaatsen. Dan omringen de boodschappers van de hel, die gekeken hebben naar de lijdende ziel, en bespotten hem, zeggende, "Hoe ben jij een dienstknecht van God kunnen zijn? Je bent een apostel van Satan, en nu ben je ter vermaak van Satan."

Wanneer hij luistert naar de bespottingen, snikken en geschreeuw om genade, nemen de twee vingers van de rechter hand van de foltermachine hem op bij de nek. Zonder te letten op de kronkelingen van de ziel, heft de machine hem omhoog bij de nek en stoot zijn hoofd met zijn scherpe puntige vingernagels van zijn linkerhand. De machine dient bovendien folteringen toe door de dia's te herspelen. Deze foltering zal voortduren tot de dag van het Oordeel.

## 5. Gebonden aan de stam van een boom

Dit is de straf van een vroegere dienstknecht van God, die eens de leden van zijn gemeente onderwees en vele belangrijke posities had.

### Verzetten tegen de Heilige Geest

Deze ziel had een sterk verlangen naar roem, materieel voordeel en macht in zijn natuur. Hij volbracht ijverig zijn plichten, maar erkende zijn eigen goddeloosheid niet. Op een ogenblik, stopte hij te bidden, en stopte daarbij om pogingen te nemen om zijn hart te besnijden. Onwetend, groeide er allerlei soorten van kwaad in hem, zoals giftige paddenstoelen, en toen de kerk die hij diende door een grote crisis ging, werd hij onmiddellijk overmeesterd door de kracht van Satan.

Toen hij zich verzette tegen de Heilige Geest nadat hij verzocht was door satan, werd zijn zonden nog ernstiger, omdat hij een leider van zijn gemeente was geweest en hij vele gemeenteleden negatief had beïnvloed en het Koninkrijk van God verhinderd had.

### Onderworpen aan zowel foltering als bespotting

Deze man ontvangt straffen door aan een boomstam vastgebonden te worden in het Onder Graf. Zijn straf is niet zo zwaar als die van Judas Iskariot, maar het is toch hardvochtig en ondragelijk.

## De Hel

De boodschapper van de hel toont de ziel een dia welke de taferelen weergeven van de meest gelukkige momenten van zijn leven, vooral toen hij een getrouw dienaar van God was. Deze geestelijke foltering herinnert hem dat hij eens gelukkig was en een kans had gekregen om Gods overvloedige zegeningen te ervaren, maar hij had nooit zijn hart had laten besnijden omdat hij zelfzuchtig en leugenachtig was, en hij nu hier is om deze vreselijke straf te ontvangen.

Vanaf het plafond hangen vele zwarte vruchten, en nadat de ziel een tafereel van de dia gezien heeft, wijst de boodschapper van de hel naar het plafond en bespot hem, zeggende, "Je zelfzucht heeft zulke vruchten voortgebracht!" Dan vallen de vruchten een voor een. Elke vrucht is een hoofd van al degene die hem hebben gevolgd in het verzet tegen God. Ze hebben dezelfde zonden gedaan als deze ziel, en de rest van hun lichamen, worden na akelige folteringen, afgesneden. Enkel hun hoofden blijven aan het plafond hangen. De ziel die vastgebonden is aan de boom, spoorde deze mensen aan in deze wereld en misleidde hen om de wegen van zijn hebzucht te volgen en het kwade te doen, en werden zij dus vruchten van zijn hebzucht.

Iedere keer wanneer een dienaar van de hel hem bespot, dient deze bespotting als een signaal dat deze vruchten vallen en een voor een openbarsten. Dan rolt een hoofd met een klap uit de zak. Drama, historische of actie documentaires, spelen of films waarin de strot van een persoon wordt afgesneden, geeft gewoonlijk het tafereel weer van het hoofd van de dode persoon met onverzorgd haar, een bloederig gezicht, gescheurde lippen en woeste ogen. De hoofden die van het plafond vallen zien er uit als de hoofden van zulke drama's en filmen.

## De hoofden die van het plafond vallen knagen aan de ziel

Wanneer de knagende hoofden van het plafond vallen, klampen zij zich een voor een vast aan de ziel. Ze klampen zich eerst vast aan zijn benen en knagen die af.

Een ander tafereel van de dia komt voorbij de ogen van de ziel en de boodschapper van de hel bespot hem opnieuw, zeggende, "Kijk je hebzucht hangt zoals dit!" Dan valt er opnieuw een zak van het plafond, het barst open en een ander hoofd klampt zich vast en bijt hevig in de armen van de ziel.

Op deze wijze, iedere keer wanneer de boodschapper van de hel de ziel bespot, valt er een hoofd van het plafond. Deze hoofden bengelen over het hele lichaam van de ziel zoals een boom die overvloedig vrucht draagt. De pijn van gebeten worden door deze hoofden is totaal anders dan door iemand of een dier van deze wereld gebeten te worden. Het vergif van de scherpe tanden van deze hoofden verspreidt zich vanaf de plaatsen waar gebeten is naar de binnenkant van de beenderen, en maakt het lichaam stevig en duister. Deze pijn is zo groot dat het lijkt alsof het minder pijnlijk is, om gebeten te worden door een insect of verscheurd te worden door dieren.

De zielen waarvan de hoofden overblijven, hebben de foltering doorstaan dat de rest van hun lichaam afgesneden en verscheurt werd. Hoeveel wrok zullen zij hebben tegen deze ziel?

De Hel

Ondanks dat ze God geconfronteerd hebben van uit hun eigen boosaardigheid, maakt hun verlangen om hem terug te betalen voor hun val zo boosaardig en wanhopig. De ziel weet heel goed dat hij gestraft wordt vanwege zijn hebzucht. In plaats van spijt te hebben of zich van zijn zonden te bekeren, is hij bezig met het vervloeken van de hoofden van de andere zielen die zijn lichaam opeten en verbrijzelen. Terwijl de tijd verstrijkt en de pijn toeneemt, wordt de ziel nog goddelozer en slechter.

## Je moet geen onvergeeflijke zonde doen

Ik heb vijf verschillende voorbeelden van straffen gegeven die toegediend zullen worden aan de mensen die zich verzetten tegen God. Zulke zielen ontvangen zwaardere straffen dan vele andere, omdat zij op een zeker punt in hun leven werkten voor God, om Zijn koninkrijk uit te breiden als leiders in de kerk.

We moeten herinneren dat vele van de zielen, die in het Onder Graf gevallen zijn en straffen ontvangen, ondanks dat ze in God geloofden, en Hem, Zijn dienstknechten en Zijn gemeente getrouw en ijverig dienden.

Bovendien moet je herinneren dat je nooit tegen de Heilige Geest mag spreken, tegen Hem opkomen of lasteren. De geest van bekering zal niet gegeven worden aan degene die zich verzetten tegen de Heilige Geest, vooral niet omdat ze de Heilige Geest hebben geconfronteerd nadat ze hun geloof in God uitoefenden en nadat ze persoonlijk de werken van de Heilige Geest ervaren hebben. Dus kunnen zij zich zelfs niet meer bekeren.

Vanaf het begin van de dagen van mijn bediening tot de dag van vandaag, heb ik nooit andere kerken veroordeeld of andere dienstknechten van God, en hen nooit veroordeeld als "ketters." Wanneer andere kerken en voorgangers geloven in de Drie-ene God, het bestaan van de hemel en de hel erkennen, en de boodschap van redding door Jezus Christus verkondigen, hoe is het dan mogelijk dat ze ketters zijn?

Bovendien, is het duidelijk confronteren van de Heilige Geest door een gemeente te veroordelen of bestempelen waarin een dienstknechtdoor Gods autoriteit en tegenwoordigheid vertoond en opnieuw bevestigt wordt. Voor zo'n zonde, houdt dat in je gedachten, is er geen vergeving.

Dus, totdat de waarheid vastgesteld is, kan niemand anderen veroordelen als "ketters." Bovendien, moet je nooit de zonde doen van het tegenwerken en confronteren van de Heilige Geest met je tong.

### Wanneer je Gods gegeven plicht verlaat

We moeten nooit de God-gegeven plichten verlaten om naar eigen goedvinden te handelen onder enige omstandigheden. Jezus benadrukte de belangrijkheid van de plicht door de gelijkenis van de talenten (Matteüs 25).

Er was een man die op reis ging. Hij verzamelde zijn dienstknechten en vertrouwde ze zijn bezitting toe overeenkomstig ieders bekwaamheid. Hij gaf vijf talenten aan de eerste dienstknecht, twee aan de tweede en een aan de laatste. De eerste en de tweede dienstknecht gebruikten het geld om te

## De Hel

werken en verdienen het dubbele. De dienstknecht die echter een talent ontvangen had, ging heen, groef een gat in de grond en verborg het geld van zijn meester. Na een lange periode, keerde de meester terug en maakte zijn balans op met ieder van hen. De mannen die vijf en twee talenten ontvangen hadden, gaven hem het dubbele terug. De meester prees hen, zeggende, "Goed gedaan, gij goede en trouwe dienstknecht!" Toen werd de man die een talent had ontvangen verlaten, omdat hij niet met het geld had gewerkt en geen intrest over ontvangen had, maar het alleen maar had vastgehouden.

"De talent" in deze gelijkenis verwijst naar elke door God-gegeven plicht. Je ziet dat God degene verlaat die enkel zijn plicht vasthoudt. En toch zijn er vele mensen die hun verplichtingen verlaten, welke God aan hen gegeven heeft. Je moet beseffen dat degene die hun verplichtingen verlaten te hunner beschikking zeker geoordeeld zullen worden op de dag van het Oordeel.

### Verwerp alle hypocrisie en besnijd je hart

Jezus verwijst ook maar de belangrijkheid van de besnijdenis van je hart, wanneer Hij de schriftgeleerden en de farizeeërs terecht wijst als hypocrieten. De schriftgeleerden en de farizeeërs leken een getrouw leven te leven, maar hun harten waren vol kwaad, dus Jezus bestrafte hen, zeggende dat ze leken op witgewassen graven.

*Wee u, schriftgeleerden en Farizeeën, gij*

*huichelaars, want gij gelijkt op gewitte graven, die van buiten wel schoon schijnen, maar van binnen vol zijn van doodsbeenderen en allerlei onreinheid. Zo ook gij, van buiten schijnt gij de mensen wel rechtvaardig, doch van binnen zijt gij vol huichelarij en wetsverachting* (Matteüs 23:27-28).

Om dezelfde reden, is het waardeloos om je make-up aan te brengen of de meest modern kleding, wanneer je hart vol jaloezie, haat of arrogantie is. Meer dan wat ook, wil God dat we onze harten besnijden en het kwade verwerpen.

Evangeliseren, voor andere gemeenteleden zorgen en de gemeente dienen zijn het allerbelangrijkste. Het allerbelangrijkste echter is om God lief te hebben, in het licht te wandelen, en meer en meer te worden zoals God. Je zou heilig moeten zijn zoals God heilig is en je zou volmaakt moeten zijn, zoals God volmaakt is.

Aan de ene kant, wanneer je huidige ijverig voor God niet vanuit een waarachtig hart komt en volkomen geloof, kan het altijd afnemen en kan dat God niet behagen. Aan de andere kant, wanneer iemand zijn/haar hart besnijdt om heilig te worden en volkomen te zijn, zal het hart van die persoon een ware geur uitstralen, welke God echt behaagt.

Bovendien, ongeacht hoeveel je van Gods woord geleerd hebt en kent, het meest belangrijke ding voor jou is om je gedachten te zetten om je te gedragen en te leven overeenkomstig het woord. Je zou altijd in gedachten moeten houden, het bestaan van deze afschuwelijke hel, je hart moeten heiligen en wanneer

De Hel

de Here Jezus terugkomt, zal je een van de eerste zijn om Hem te omarmen.

1 Korintiërs 2:12-14 zegt ons, *"Wij nu hebben niet de geest der wereld ontvangen, maar de Geest uit God, opdat wij zouden weten, wat ons door God in genade geschonken is. Hiervan spreken wij dan ook met woorden, die niet door menselijke wijsheid, maar door de Geest geleerd zijn, zodat wij het geestelijke met het geestelijke vergelijken. Doch een ongeestelijk mens aanvaardt niet hetgeen van de Geest Gods is, want het is hem dwaasheid en hij kan het niet verstaan, omdat het slechts geestelijk te beoordelen is."*

Hoe kan iemand zonder de werken en hulp van de Heilige Geest die geopenbaard zijn aan ons door God, in deze vleselijke wereld spreken over geestelijke zaken en die ook begrijpen?

God Zelf heeft dit getuigenis van de hel geopenbaard en dus, elk deel is de waarheid. De straffen in de hel zijn zo vreselijk dat in plaats van elk detail te openbaren, heb ik enkele gevallen van foltering opgeschreven. Houdt ook in gedachtenis dat onder de vele mensen die in het Onder Graf gevallen zijn, ook degene die eens getrouw en loyaal waren aan God aanwezig zijn.

Als je geen goede kwalificaties bezit, namelijk, als je stopt met bidden en het besnijden van je hart, zul je bijna zeker verzocht worden door Satan om op te staan tegen God en uiteindelijk in de hel geworpen worden.

Ik bid in de naam van de Here dat je zal begrijpen hoe angstaanjagend en vreselijk de hel is, er naar zal streven om zoveel mogelijk zielen te redden, vurig zal bidden, ijverig het evangelie zal verkondigen, en jezelf altijd zal onderzoeken om zo de volledige redding te bereiken.

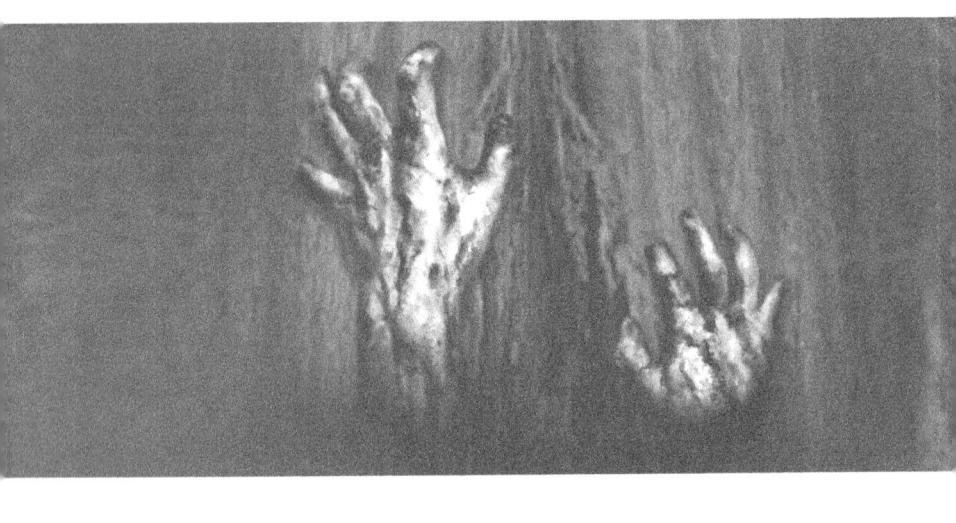

## Hoofdstuk 7

# Redding tijdens de grote verdrukking

1. Christus wederkomst en de opname
2. De zeven jaren van grote verdrukking
3. Martelaarschap tijdens de grote verdrukking
4. Christus tweede wederkomst en het duizendjarige rijk
5. Voorbereiden om de mooie bruiden van de Here te zijn

"En dit evangelie van het Koninkrijk zal
in de gehele wereld gepredikt worden tot
een getuigenis voor alle volken,
en dan zal het einde gekomen zijn."
- Mattheüs 24:14 -

"En een andere engel, een derde, volgde hen, zeggende met luider stem:
Indien iemand het beest en zijn beeld aanbidt en het merkteken op zijn
voorhoofd of op zijn hand ontvangt, die zal ook drinken van de wijn van
Gods gramschap, die ongemengd is toebereid in de beker van zijn toorn;
en hij zal gepijnigd worden met vuur en zwavel ten aanschouwen
van de heilige engelen en van het Lam. En de rook van hun pijniging
stijgt op in alle eeuwigheden, en zij hebben geen rust, dag en nacht,
die het beest en zijn beeld aanbidden, en al wie het merkteken
van zijn naam ontvangt."
- Openbaringen 14:9-11 -

*Redding tijdens de grote verdrukking*

Wanneer we aandacht besteden aan de geschiedenis of de profetieën in de Bijbel, beseffen we dat de tijd rijp is en dat we vlakbij de komst van de Here zijn. Kortgeleden, zijn er talloze aardbevingen en overstromingen geweest, welke normaal maar een keer in elke honderd jaar voorkomen.

Bovendien, zijn er regelmatig grote bosbranden, orkanen, en wervelstormen die hun vernietiging hebben nagelaten en enorme hoeveelheden doden en gewonden. In Afrika en Azië lijden en sterven vele mensen van de honger, die veroorzaakt wordt door de lange droogtes. Velen van de wereld zijn getuige geweest en hebben abnormale weersomstandigheden ervaren, die veroorzaakt worden door de lediging van de Ozonlaag, "El Niño," "La Niña," en vele anderen.

Bovendien lijkt er geen einde te komen aan de oorlogen en conflicten onder landen, terroristische handelen, en vele andere vormen van geweld. Gruweldaden boven elk moreel principe van de mensen, zijn een dagelijkse gebeurtenis aan het worden en worden in de media massaal getoond..

Zulke fenomenen zijn reeds geprofeteerd door Jezus Christus, tweeduizend jaar geleden, toen Hij de vraag van de discipelen beantwoordde, *"Zeg ons wanneer zal dat geschieden, en wat is het teken van uw komst en van de voleinding der wereld?"* (Matteüs 24:2)

**Bijvoorbeeld, hoe waar zijn deze volgende verzen vandaag de dag?**

*"Want volk zal opstaan tegen volk, en koninkrijk*

*tegen koninkrijk, en er zullen nu hier, dan daar, hongersnoden en aardbevingen zijn. Doch dat alles is het begin der weeën"* (Matteüs 24:7-8).

Daarom, wanneer je echt geloof hebt, zou je moeten weten dat de dag van Jezus komst zeer nabij is en moeten blijven waken zoals de vijf wijze maagden (Matteüs 25:1-13). Je zal nooit verlaten worden zoals de vijf andere maagden die hun lampen niet genoeg hadden voorbereid met olie.

## 1. Christus wederkomst en de opname

Ongeveer tweeduizend jaar geleden, stierf onze Heer Jezus aan het kruis, stond de derde dag op uit de dood en steeg op ten hemel voor het oog van vele mensen. Handelingen 1:11 vertelt ons dat *"Deze Jezus, die van u opgenomen is naar de hemel, zal op dezelfde wijze wederkomen, als gij Hem ten hemel hebt zien varen."*

### Jezus zal terugkomen in de wolken

Jezus Christus heeft de weg tot redding geopend, ging naar de hemel, is gezeten aan de rechter hand van God, en bereidt een plaats voor ons voor. Op Gods gekozen tijd, en wanneer onze plaatsen in de hemel bereid zijn, zal Jezus terug komen om ons op te nemen zoals Jezus profeteerde in Johannes 14:3, *"Gelooft Mij, dat Ik in de Vader ben en de Vader in Mij is: of anders,* geloofi om de werken zelf."

## Hoe zal de terugkomst van Jezus eruit zien?

1 Tessalonicenzen 4:16-17 geeft ons een beschrijving van de wederkomst waarin Jezus zal neerdalen uit de hemel met een talloze menigte engelen, tezamen met de doden in Christus.

*Want de Here zelf zal op een teken, bij het roepen van een aartsengel en bij het geklank ener bazuin Gods, nederdalen van de hemel, en zij, die in Christus gestorven zijn, zullen het eerst opstaan; daarna zullen wij, levenden, die achterbleven, samen met hen op de wolken in een oogwenk weggevoerd worden, de Here tegemoet in de lucht, en zó zullen wij altijd met de Here wezen.*

Hoe wonderlijk zal het zijn voor Jezus Christus om terug te komen, omringt en bewaakt met talloze engelen in de wolken! Op dat moment, zullen alle mensen die gered zijn door geloof opgenomen worden in de lucht en deelnemen aan het Zevenjarige bruiloftsfeest.

Degene die reeds gestorven zijn, maar gered in Christus zullen eerst opstaan en opgenomen worden in de lucht, gevolgd door degene die nog leven met de komst van Jezus, wiens lichamen onmiddellijk worden veranderd in onsterfelijke lichamen.

De Hel

## De opname en het Zevenjarige bruiloftsfeest

"De opname" is een gebeurtenis waarin de gelovigen opgenomen zullen worden in de lucht. Waar, wordt de "lucht" dan vermeld in 1 Tessalonicenzen 4? Overeenkomstig Efeziërs 2:2 zegt het dat, *"waarin gij vroeger gewandeld hebt overeenkomstig de loop dezer wereld, overeenkomstig de overste van de macht der lucht, van de geest, die thans werkzaam is in de kinderen der ongehoorzaamheid"* "de lucht" verwijst hier naar de plaats waar de boze geesten de autoriteit hebben.

Maar deze plaats voor de boze geesten wijst niet op de plaats waar het zevenjarige bruiloftsmaal plaats zal vinden. God, onze Vader, heeft een bijzondere ruimte voorbereid voor het feestmaal. De reden waarom de Bijbel de voorbereidde plaats "de lucht" noemt, welke de zelfde naam is voor de plaats waar de boze geesten zijn, is omdat de twee plaatsen in een ruimte gelegen zijn.

Wanneer je opkijkt naar de lucht, vindt je het misschien moeilijk om te begrijpen waar "de lucht" – waarin we Jezus zullen ontmoeten en waar het zevenjarige bruiloftsfeest gehouden wordt – feitelijk is. De antwoorden op deze vragen kan je terug vinden in de "lectuur over Genesis" serie en de tweedelige "Hemel" serie. Verwijs alstublieft naar deze boodschappen omdat het zo belangrijk is om de geestelijke wereld op de juiste manier te kennen en de Bijbel te geloven zoals hij echt is.

Kan jij je voorstellen hoe gelukkig alle gelovigen in Jezus

zullen zijn, die zichzelf voorbereidt hebben als Zijn bruid, wanneer ze tenslotte hun bruidegom ontmoeten en deelnemen aan het feestmaal dat zeven jaren zal duren?

*'Laten wij blijde zijn en vreugde bedrijven en Hem de eer geven, want de bruiloft des Lams is gekomen en zijn vrouw heeft zich gereedgemaakt; en haar is gegeven zich met blinkend en smetteloos fijn linnen te kleden, want dit fijne linnen zijn de rechtvaardige daden der heiligen. En hij zeide tot mij: Schrijf, zalig zij, die genodigd zijn tot het bruiloftsmaal des Lams. En hij zeide tot mij: Dit zijn de waarachtige woorden van God'* (Openbaring 19:7-9).

Aan de ene kant, zullen die gelovigen die opgenomen worden in de lucht een beloning ontvangen omdat ze de wereld overwonnen hebben. Aan de andere, zullen degene die niet opgenomen worden vele kwellingen, die onbeschrijfelijk zijn ondergaan, door de boze geesten die uit de lucht verdreven zijn naar de aarde, wanneer Jezus terugkomt.

## 2. De zeven jaren van grote verdrukking

Terwijl de gelovigen die gered zijn, zich verheugen op het bruiloftsfeest in de lucht met Jezus Christus, gedurende zeven jaren, vreugde met Hem delen, en hun gelukkige toekomst plannen, zullen degene die achterblijven op aarde, zeven jaren

De Hel

van onbeschrijfelijke vervolging ondergaan, onbeschrijfelijke en angstaanjagende rampen zullen de mensheid slaan.

## Wereldoorlog III en het merkteken van het beest

Tijdens een nucleaire oorlog die wereldwijd zal komen, Wereld Oorlog III, zal een derde van alle bomen van de aarde verbranden en een derde van de mensheid zal verloren gaan. Tijdens dezelfde oorlog, zal het moeilijk zijn om zuurstofrijke lucht te ademen en schoon water te vinden vanwege grote vervuilingen, en de prijzen van etenswaren en noodzakelijke dingen zullen omhoog schieten.

Het teken van het beest, "666" zal worden voorgesteld en iedereen zal gedwongen worden om het te ontvangen op zijn of haar rechter hand of voorhoofd. Wanneer iemand weigert om het teken te ontvangen, zal zijn/haar identiteit niet gewaarborgd zijn, en hij/zij zal niet in staat zijn om enige transactie te doen of zelfs maar zijn levensbehoeften te kopen.

*En het maakt, dat aan allen, de kleinen en de groten, de rijken en de armen, de vrijen en de slaven, een merkteken gegeven wordt op hun rechterhand of op hun voorhoofd, [en] dat niemand kan kopen of verkopen, dan wie het merkteken, de naam van het beest, of het getal van zijn naam heeft. Hier is de wijsheid: wie verstand heeft, berekene het getal van het beest, want het is een getal van een mens, en zijn getal is zeshonderd zesenzestig* (Openbaring 13:16-

18).

Onder degene die achter blijven na Jezus wederkomst en de opname, zijn de mensen die het evangelie gehoord hebben of naar de kerk gingen, en nu het woord van God herinneren.

Daar zijn ook degene die vrijwillig hun geloof verlaten hebben en anderen die dachten dat ze in God geloofden, maar ze zijn toch achtergebleven. Wanneer deze personen de Bijbel met hun gehele hart hadden gelooft, hadden ze een goed leven geleidt in Christus.

In plaats daarvan waren ze lauw, en vertelden anderen, " Ik zal het toch alleen maar ontdekken of de hemel en de hel bestaan, nadat ik dood ben," en hadden dus niet het soort geloof wat vereist werd om redding te ontvangen.

**Straffen voor de mensen die het teken van het beest niet aannemen**

Zulke mensen beseffen dat elk woord in de Bijbel waar is, enkel nadat ze getuige zijn geweest van de Opname. Ze treuren en huilen bitter. Omvangen door grote angst, bekeren ze zich van het niet geleefd hebben overeenkomstig Gods wil en zoeken wanhopig een weg tot redding. Bovendien omdat ze weten dat het ontvangen van het teken van het beest hen enkel naar de hel zal leiden, doen ze er alles aan om te voorkomen dat ze het moeten ontvangen. Zelfs op deze wijze, zullen zij proberen om hun geloof te bewijzen.

De Hel

> *En een andere engel, een derde, volgde hen, zeggende met luider stem: Indien iemand het beest en zijn beeld aanbidt en het merkteken op zijn voorhoofd of op zijn hand ontvangt, die zal ook drinken van de wijn van Gods gramschap, die ongemengd is toebereid in de beker van zijn toorn; en hij zal gepijnigd worden met vuur en zwavel ten aanschouwen van de heilige engelen en van het Lam. En de rook van hun pijniging stijgt op in alle eeuwigheden, en zij hebben geen rust, dag en nacht, die het beest en zijn beeld aanbidden, en al wie het merkteken van zijn naam ontvangt. Hier blijkt de volharding der heiligen, die de geboden Gods en het geloof in Jezus bewaren* (Openbaring 14:9-12).

Het is echter niet gemakkelijk om het teken van het beest te weigeren, vooral niet in een wereld waarin de boze geesten alles volledig hebben overgenomen. Tegelijkertijd, weten deze boze geesten dat deze mensen redding zullen ontvangen wanneer ze het teken 666 weigeren en de martelarendood sterven. Dus, de boze geesten zullen en kunnen niet zo gemakkelijk opgeven.

Tijdens de dagen van de Eerste gemeente, tweeduizend jaar geleden, hebben vele regeringsautoriteiten de christenen vervolgd door ze te kruisigen, te onthoofden, of ze voor de leeuwen te werpen als een prooi. Als iemand op deze wijze vervolgd en gedood werd, zouden talloze mensen een snelle dood ontvangen tijdens de Zeven jaren van grote verdrukking. De boze geesten zullen het echter niet gemakkelijk maken voor de mensen die achter gebleven zijn. De boze geesten zullen de mensen dwingen om Jezus te verloochenen, op elke mogelijke manier, en elke bron die ze hebben tegen deze mensen. Dit betekent niet dat mensen zelfmoord kunnen plegen om de foltering te ontlopen, want zelfmoord lijdt enkel naar de hel.

### Degene die martelaren zullen worden

Ik heb al enkele wrede foltermethodes vermeld die de boze geesten gebruiken. Tijdens de Grote Verdrukking, zullen de foltermethodes, welke elke verbeelding te boven gaan, vrijelijk gebruikt worden. Bovendien, omdat de foltering bijna onmogelijk te dragen is, zullen slechts een paar mensen redding ontvangen gedurende deze periode.

Daarom moet een ieder van ons geestelijk wakker zijn ten alle tijden en dat soort geloof bezitten welke hen zal optillen in de lucht wanneer Christus wederkomt.

Terwijl ik aan het bidden was, toonde God mij een visioen waarin de mensen die achtergebleven waren na de Opname allerlei soorten martelingen ontvingen. Ik zag dat de meeste mensen niet in staat waren om ze te verdragen en bezweken uiteindelijk voor de boze geesten.

De folter series van het afschillen van iemands huid, het breken en verbrijzelen van hun gewrichten, het afkappen van hun vingers en tenen en hen overgieten met bloedhete olie. Sommige mensen die in staat zijn om hun eigen foltering te ondergaan, kunnen het niet aanzien om hun ouders of kleine kinderen te zien lijden, en ook zij bezwijken voor het 666 teken.

# De Hel

Toch zijn er een klein aantal mensen die rechtvaardig zijn en die zullen alle verzoekingen en folteringen overwinnen. Deze mensen zullen redding ontvangen. Ondanks dat het ternauwernood is, zullen en zij toch het Paradijs binnen mogen gaan welke tot de hemel behoort, ze zijn zo dankbaar en blij dat ze niet in de hel gevallen zijn.

Dat is de reden waarom wij verplicht zijn om deze boodschap van de hel te verspreiden over de wereld. Zelfs als het lijkt alsof mensen er geen aandacht aan schenken, wanneer zij het herinneren tijdens de Grote Verdrukking, zal het de weg voor hen banen tot hun eigen redding.

Sommige mensen zeggen dat zij een marteldood zullen sterven om redding te ontvangen wanneer de Opname echt gebeurt en zij achter gelaten worden.

Wanneer zij echter geen geloof kunnen hebben in deze tijd van vrede, hoe zullen zij dan hun geloof verdedigen te midden van zulke wrede folteringen? Wij kunnen zelfs niet voorzeggen wat er de volgende tien minuten gaat gebeuren. Als ze sterven voor dat ze de gelegenheid hadden om martelaren dood te sterven, is de hel de enige plaats die op hen wacht.

## 3. Martelaarschap tijdens de grote verdrukking

Om je te helpen begrijpen, de folteringen van de grote verdrukking, en je geestelijk wakker te houden, zodat je aan dit alles kan ontkomen, laat mij het verder uitleggen aan de hand van een voorbeeld van een ziel.

Daar deze vrouw Gods overvloedige genade ontvangen heeft, kon ze grote, glorieuze en zelfs verborgen dingen over God horen en zien. En toch was haar hart gevuld met het kwade, en ze had klein geloof.

Met zulke gaves van God, droeg ze belangrijke plichten voor God uit, speelde een cruciale rol in de uitbereiding van het Koninkrijk van God en behaagde God met haar daden. Het is gemakkelijk voor mensen om aan te nemen, "Deze mensen met belangrijke plichten in de kerk, moeten mannen en vrouwen van groot geloof zijn!"

En toch, is dat niet noodzakelijk de waarheid. Vanuit Gods perspectief, zijn er talloze gelovigen wiens geloof alles behalve "groot is." God meet niet het vleselijke geloof, maar wel het geestelijke geloof.

### God wil geestelijk geloof

Laat ons in 't kort het "geestelijke geloof" bestuderen door de bevrijding van de Israëlieten uit Egypte. De Israëlieten getuigden en ervoeren Gods tien plagen. Ze waren er getuige van dat de Rode Zee zich scheidde en Farao en zijn leger er in omkwamen. Ze ervoeren Gods leiding door de wolkkolom bij dag en de vuurkolom bij nacht. Elke dag aten zij manna van de hemel, hoorden de stem God gezeten in de wolken, en zagen Zijn werken met vuur. Ze dronken water van een rots nadat Mozes erop geslagen had, en zagen bitter water van Mara veranderen in zoet water. Ondanks dat ze herhaaldelijk getuigen waren van de werken en tekenen van de Levende God, was hun geloof noch behaaglijk, noch aanvaardbaar voor God. Dus konden ze uiteindelijk het Beloofde Land Kanaän niet binnen treden (Numeri 20:12).

Aan de ene kant, is iemands geloof zonder daden, ongeacht hoeveel iemand Gods woord kent en getuige geweest is van Zijn werken en wonderen, geen echt geloof. Aan de andere kant, wanneer we geestelijke geloof bezitten, zullen we niet stoppen met het leren kennen van Gods woord; we zullen het woord gehoorzaam worden, onze harten besnijden en elk soort kwaad ontwijken. Of we nu "groot" of "klein" geloof hebben, wordt bepaald door de mate waarin wij gehoorzaam zijn aan Gods woord, ons gedragen en overeenkomstig leven, en gelijken op het hart van God.

### Herhaaldelijk ongehoorzaam in arrogantie

In dit aspect had de vrouw klein geloof. Ze probeerde haar hart te besnijden voor een korte periode, maar kon niet volkomen het kwade verlaten. Bovendien, omdat ze in een positie was waarbij zij het woord van God verkondigde, werd ze nog arroganter.

De vrouw dacht dat ze echte en groot geloof had. Ze ging zelfs zo ver dat ze dacht dat Gods wil niet kon voortkomen zonder haar tegenwoordigheid of assistentie. Steeds meer, in plaats van God de glorie te geven, voor de God gegeven gaves, wilde ze alle eer voor zichzelf. Bovendien gebruikte ze haar positie tot haar beschikking om zo haar verlangen van haar zondevolle natuur te bevredigen.

Ze bleef voortdurend ongehoorzaam. Ondanks dat ze wist dat het Gods wil was dat ze naar het oosten ging, ging zij naar het westen. De wijze waarop God Saul verliet, de eerste Koning van de Israëlieten, vanwege zijn ongehoorzaamheid (1 Samuël 15:22-23), zelfs wanneer mensen een keer gebruikt worden als Gods instrument om Gods koninkrijk te vervullen en uit te bereiden, zal herhaaldelijke ongehoorzaamheid er alleen voor zorgen dat God zijn gezicht zal afkeren van hen.

Omdat de vrouw het woord kende, was zij zich bewust van haar zonde en bekeerde zich herhaaldelijk. Haar gebeden van bekering waren echter enkel met haar mond en niet vanuit haar hart. Ze bleef de zelfde zonde herhalen, waarbij de muur tussen God en haarzelf alleen maar hoger werd.

2 Petrus 2:22 zegt ons, *"Hun is overkomen, wat een waar spreekwoord zegt: 'Een hond, die teruggekeerd is naar zijn uitbraaksel, of: een gewassen zeug naar de modderpoel.'"* Nadat ze zich van haar zonden bekeerd had, herhaalde ze dezelfde zonde keer op keer.

Uiteindelijk omdat ze vastliep in haar eigen arrogantie, hebzucht en talloze zonden, keerde God Zijn aangezicht af van haar en werd zij uiteindelijk een hulpmiddel van Satan om op te staan tegen God.

### Wanneer is de uiteindelijke gelegenheid om je te bekeren

Over 't algemeen, kunnen degene die de Heilige Geest tegen

spreken, opkomen of lasteren niet vergeven worden. Zij zullen nooit meer een gelegenheid ontvangen om zich te bekeren, en zij zullen eindigen in het Onder Graf.

En toch is er iets anders met deze vrouw. Ondanks alle zonden en kwaad wat God boos maakte, opnieuw en opnieuw, had Hij toch nog een laatste gelegenheid voor haar om zich te bekeren. Dat komt omdat deze vrouw eens Gods waardevolle hulpmiddel was voor Zijn koninkrijk. Ondanks dat deze vrouw haar plicht had verlaten, en de belofte van glorie en de beloningen van de hemel, omdat ze God op grote wijze had behaagd, geeft Hij haar nog een laatste kans.

Ze komt nog steeds op tegen God, en de Heilige Geest binnen in haar sterft uit. Door Gods bijzondere genade, heeft deze vrouw echter een uiteindelijke gelegenheid om zich te bekeren en redding te ontvangen tijdens de Grote Verdrukking door Martelarenschap.

Haar gedachten zijn nog steeds onder Satans controle, maar na de Opname, zal ze tot besef komen. Omdat ze het woord van God zo goed kent, is ze zich ook goed bewust van de weg die voor haar ligt. Nadat ze beseft dat de enige weg tot redding door martelarenschap is, zal ze zich volledig bekeren, andere Christenen verzamelen die achtergebleven zijn, aanbidden, lofprijzen, en met hen bidden, terwijl ze zich voorbereid op martelarenschap.

### De martelarendood en ternauwernood gered

Wanneer de tijd komt, zal ze weigeren om het 666 teken te

nemen en daarna weggebracht worden om gefolterd te worden door degene die beheerst worden door Satan. Ze schillen haar huid, laag voor laag af. Ze verschroeien zelfs de zachtste en meest intieme delen van haar lichaam met vuur. Ze zullen een methode bedenken voor haar foltering welke heel pijnlijk is en het langste duurt. Spoedig is de plaats gevuld met een geur van verbrand vlees. Haar lichaam is bedekt met bloed van hoofd tot voetzool, haar gezicht hangt naar beneden, en haar gezicht is donker en blauw getint, lijkend op een lijk.

Als ze deze foltering kan doorstaan tot het einde, ondanks de talloze zonden en kwaad wat ze in het verleden gedaan heeft, zal ze uiteindelijk ternauwernood redding ontvangen en het paradijs binnengaan. In het Paradijs, de buitenwijken van de hemel en de verste plaats van de Troon van God, zal de vrouw klagen en huilen over haar daden in dit leven. Natuurlijk zal ze ook dankbaar en vreugdevol zijn dat ze redding ontvangen heeft. Maar toch zal ze gedurende de komende eeuwen spijt hebben en verlangen naar het Nieuwe Jeruzalem, zeggende, "Als ik alleen het kwade maar had verlaten en Gods plicht volledig had vervuld, zou ik in de meest glorieuze plaats zijn in het Nieuwe Jeruzalem..." Wanneer ze mensen ziet, die ze kende in deze wereld, leven in het Nieuwe Jeruzalem, zal ze zich altijd schamen en opgelaten voelen.

### Als ze het teken 666 aanneemt

Als ze de foltering niet doorstaat en het teken van het beest aanneemt, voor het Duizendjarige Rijk, zal ze in het onder Graf geworpen worden en gestraft worden door gekruisigd te worden aan een kruis aan de rechter zijde van Judas Iskariot. Haar straffen in het Onder Graf zijn een herhaling van de folteringen die ze onderging tijdens Grote Verdrukking. Gedurende duizend jaar, zal de huid van haar lichaam geschild worden en herhaaldelijk verschroeid worden met vuur.

De boodschappers van de hel en al degene die boze daden deden door haar te volgen zullen de vrouw folteren. Ook zij worden gestraft overeenkomstig hun boze daden en werken hun pijn en boosheid uit op haar.

Ze worden gestraft op deze wijze in het Onder Graf tot het einde van het Duizendjarige Rijk. Na het Oordeel, zullen deze zielen naar de hel gaan, en branden met vuur en zwavel, waar enkel nog vreselijkere straffen voor hen wachten.

## 4. Christus tweede wederkomst en het duizendjarige rijk

Zoals hierboven vermeld staat, zullen degene die opgenomen worden bij de komst van Jezus Christus in de wolken genieten van het zevenjarige bruiloftsmaal met Hem, terwijl de Grote Verdrukking plaats vindt onder de boze geesten die uit de lucht verdreven zijn.

Dan wanneer Jezus Christus weer komt naar de aarde en het Duizendjarige Rijk begint. De boze geesten zullen gedurende deze periode opgesloten worden in de Abyss. Degene die deelnamen aan het zevenjarige Bruiloftsmaal en degene die gestorven zijn door de martelaren dood tijdens de Grote Verdrukking, zullen over de aarde heersen en hun liefde delen met Jezus Christus gedurende duizend jaar.

*Zalig en heilig is hij, die deel heeft aan de eerste opstanding: over hen heeft de tweede dood geen macht, maar zij zullen priesters van God en van Christus zijn en zij zullen met Hem als koningen heersen, [die] duizend jaren* (Openbaring 20:6).

Een klein aantal vleselijke mensen die de Grote Verdrukking overleeft hebben, zullen ook op de aarde leven gedurende het Duizendjarige Rijk. Degene die echter gestorven zijn zonder redding te ontvangen zullen voortdurend gestraft worden in het Onder Graf.

**Het Duizendjarige Rijk**

Wanneer het Duizendjarige Rijk komt, zullen de mensen genieten van een vredevol leven zoals in de dagen van de Hof van Eden, omdat er geen boze geesten zijn. Jezus Christus en de geredde, geestelijke mensen leven in een stad die lijkt op kastelen van koningen en is gescheiden van de mensen van het vlees. De geestelijke mensen leven in de stad en de mensen van vlees die de Grote Verdrukking overleeft hebben leven buiten de stad.

Voor het Duizendjarige Rijk, zal Jezus Christus de aarde reinigen. Hij zal de vervuilde lucht reinigen, de bomen, planten, bergen en stromen vernieuwen. Hij zal een mooie omgeving scheppen.

De vleselijke mensen streven ernaar om zoveel mogelijk geboorte te geven, omdat er maar een paar overgebleven zijn. De schone lucht en afwezigheid van boze geesten laat geen ruimte over voor ziekte en kwaad. Ongerechtigheid en boosheid van hart in de vleselijke mensen zal niet geopenbaard worden tijdens deze periode omdat de boze geesten, die het kwade uitstralen, opgesloten zijn in de Abys.

Zoals de dagen voor Noach, zullen de mensen honderden jaren leven. De aarde zal snel gevuld zijn met talloze mensen gedurende duizend jaren. Mensen eten geen vlees, maar fruit, omdat er geen vernietiging van leven is.

Bovendien zal het heel veel tijd nemen om hetzelfde niveau van ontwikkeling te bereiken als het niveau van de wetenschap vandaag, omdat veel ontwikkeling vernietigd zal zijn door de oorlogen tijdens de Grote Verdrukking. Terwijl de tijd voorbij gaat, zal het niveau van hun ontwikkeling misschien dat niveau bereiken van vandaag, als ze toenemen in wijsheid en kennis.

### Geestelijke en vleselijke mensen verblijven samen

Het is niet noodzakelijk voor geestelijke mensen die met Jezus Christus op de aarde leven, om te eten zoals de vleselijke mensen dat doen, omdat de lichamen van de eerste groep al veranderd zijn in een opstandings geestelijke lichaam. Ze nuttigen gewoonlijk de geur van bloemen en dergelijke, maar als ze willen, mogen ze hetzelfde voedsel hebben als de vleselijke mensen. Geestelijke mensen nuttigen echter geen natuurlijk voedsel en ook al eten ze, ze scheiden geen uitwerpselen af zoals de vleselijke mensen dat doen. Net zoals de Opgestane Jezus ademde na het eten van een stuk vis, zal het voedsel van geestelijke mensen verteren door te ademen in de lucht.

De geestelijke mensen prediken en getuigen ook over Jezus Christus aan de vleselijke mensen, zodat ze op het einde van het Duizendjarige Rijk, wanneer de boze geesten gedurende een korte periode vrijgelaten worden van de Abys, de vleselijke mensen niet misleid zullen worden. De tijd is voor het Oordeel, dus God heeft de boze geesten niet blijvend opgesloten in de Abys, maar enkel gedurende duizend jaren (Openbaring 20:3).

## Op het einde van het Duizendjarige Rijk

Wanneer het Duizendjarige Rijk eindigt, zullen de boze geesten die gedurende duizend jaar opgesloten waren in de Abys, gedurende een korte periode vrijgelaten worden. Ze zullen beginnen met de mensen van het vlees te verzoeken en te misleiden, die vredevol geleefd hebben. De meeste mensen van het vlees zullen misleidt worden, ongeacht hoeveel geestelijke mensen hen ertegen onderwezen hebben. Ondanks dat de geestelijke mensen hen gewaarschuwd hebben, over de dingen die zouden komen, worden de vleselijke mensen toch misleidt en maken plannen om een oorlog te voeren tegen de geestelijke mensen.

*En wanneer de duizend jaren voleindigd zijn, zal de satan uit zijn gevangenis worden losgelaten, en hij zal*

> *uitgaan om de volkeren aan de vier hoeken der aarde te verleiden, Gog en Magog, om hen tot de oorlog te verzamelen, en hun getal is als het zand der zee. En zij kwamen op over de breedte der aarde en omsingelden de legerplaats der heiligen en de geliefde stad; en vuur daalde neder uit de hemel en verslond hen,* (Openbaring 20:7-9).

God zal echter de mensen van het vlees vernietigen met vuur, die oorlog voeren, en zal de boze geesten die gedurende een korte periode vrijgelaten zijn, werpen in de Abys na het oordeel van de Grote Witte Troon.

Uiteindelijk, zullen de vleselijke mensen die in aantal toegenomen zijn gedurende het Duizendjarige Rijk ook geoordeeld worden overeenkomstig Gods gerechtigheid. Aan de ene kant, zullen al degene die geen redding ontvingen – onder degene die de Zevenjarige Grote verdrukking overleeft hebben – in de hel geworpen worden. Aan de andere kant, zullen degene die redding ontvangen hebben de hemel binnengaan en overeenkomstig hun geloof, verblijven in verschillende plaatsen in de hemel, o.a het Nieuwe Jeruzalem, het Paradijs, enz.

Na het oordeel van de Grote Witte Troon, wordt de geestelijke wereld onderverdeeld in de hemel en de hel. Daar zal ik dieper op ingaan in het volgende hoofdstuk.

## 5. Voorbereiden om de mooie bruiden van de Here te zijn

Om te vermijden dat je achterblijft in de Grote Verdrukking, moet je jezelf voorbereiden als een mooie bruid van Jezus Christus en Hem ontmoeten tijdens Zijn wederkomst.

In Matteüs 25:1-13 staat de gelijkenis van de tien maagden, welke dient als een grote les voor alle gelovigen. Ook al belijd je jou geloof in God, je zal niet in staat zijn om je Bruidegom Jezus Christus te ontmoeten als je onvoldoende olie hebt voorbereid voor je lamp. Vijf maagden hebben hun olie voorbereid, zodat ze hun bruidegom kunnen ontmoeten de bruiloftszaal kunnen binnengaan. De andere vijf maagden hebben geen olie bereid en kunnen de bruiloftszaal niet binnengaan.

Hoe kunnen wij onszelf voorbereiden zoals de vijf wijze maagden, een bruid van de Here worden, en vermijden dat we in de grote verdrukking terecht komen, in plaats van deel te nemen aan het bruiloftsmaal?

### Bidt vurig en wees waakzaam

Zelfs wanneer je een nieuwe gelovige bent, en een zwak geloof hebt, zolang je maar je best doet om je hart te besnijden, zal God je bewaren, zelfs te midden van ernstige beproevingen. Ongeacht hoe moeilijk het is om besneden te worden, zal God je in een deken van het leven wikkelen en je helpen om de moeilijkheden gemakkelijk te overwinnen.

God kan echter niet degene beschermen die gedurende lange

# De Hel

periode gelovigen waren, hun God gegeven plicht vervulden en een groot deel van Gods woord kennen, wanneer ze stoppen met bidden, stoppen met het vereren van reiniging en stoppen met hun hart te besnijden.

Wanneer je moeilijkheden ondergaat, moet je in staat zijn om de stem van de Heilige Geest te onderscheiden om hen te overwinnen. Maar wanneer je niet bidt, hoe kan je dan luisteren naar de stem van de Heilige Geest en een overwinnend leven leiden? Als wij niet volledig gevuld zijn met de Heilige Geest, dan steun je steeds meer en meer op je eigen denken en struikel je keer op keer, misleid door Satan.

Bovendien, nu we het einde der tijden naderen, zwerven de boze geesten rond als brullende leeuwen om iemand te zoeken die ze kunnen verslinden, omdat ze weten dat hun einde nabij is. We zien vaak luie studenten blokken en slaap tekort krijgen wanneer er een examen nadert. Evenzo, wanneer je een gelovige bent, die zich bewust is dat we leven in de eindtijd, moet je waakzaam zijn en jezelf voor bereiden als een mooie bruid voor de Here.

**Verlaat het kwade en gelijk op de Here**

Welke mensen houden zichzelf waakzaam? Ze bidden altijd, zijn altijd vol van de Heilige Geest, geloven het woord van God, en leven overeenkomstig Zijn woord.

Wanneer je ten alle tijden alert bent, zal je altijd communiceren met God, zodat je niet misleid kan worden door boze geesten. Bovendien, kan je gemakkelijk beproevingen overwinnen omdat de Heilige Geest je van bepaalde dingen bewust maakt die komende zijn, je weg leidt, en toestaat dat je het woord van de waarheid beseft.

En toch degene die niet waakzaam zijn kunnen de stem van de Heilige Geest niet horen, dus worden zij gemakkelijk misleid door Satan, en gaan op de weg van de dood. Waakzaam zijn is om je hart te besnijden, je te gedragen en te leven overeenkomstig het woord van God, en geheiligd worden.

Openbaringen 22:14 vertelt ons dat *"Zalig zij, die hun gewaden wassen, opdat zij recht mogen hebben op het geboomte des levens en door de poorten ingaan in de stad."* In dit schrift gedeelte, verwijst "gewaden naar" formele kleding. Geestelijk, verwijst "gewaden" naar je hart en gedrag. Hun "gewaden wassen" symboliseert het kwade verwerken en Gods woord volgen om geestelijk te overwinnen en steeds meer en meer op Jezus Christus gelijken. Degene die op deze wijze geheiligd zijn verdienen het recht om de poorten van de hemel binnen te gaan en van het eeuwige leven te genieten.

### Mensen die hun gewaden gewassen hebben in geloof

Hoe kunnen we onze gewaden volledig wassen? Je moet je hart besnijden met het woord van de waarheid en vurig gebed. Met andere woorden, je moet elke leugen verwerpen en alle kwaad uit je hart verwijderen en het enkel vullen met de waarheid. Net zoals je vlekken met schoon water verwijderd uit je kleding, zou je ook alle vuile zonden moeten verwijderen, elke wetteloosheid, en het kwade uit je hart met het woord van God,

De Hel

het water des levens, en de gewaden aan doen van waarheid en gelijken op het woord van Jezus Christus. God wil iedereen zegenen die het geloof weergeeft in daden en zijn/haar hart besnijdt.

Openbaringen 3:5 zegt ons, *"Wie overwint, zal aldus bekleed worden met witte klederen; en Ik zal zijn naam geenszins uitwissen uit het boek des levens, maar Ik zal zijn naam belijden voor mijn Vader en voor zijn engelen."* Mensen die de wereld in geloof overwinnen en wandelen in de waarheid zullen eeuwig genieten van het eeuwige leven in de hemel, omdat ze het hart van waarheid bezitten en geen kwaad in hen gevonden wordt.

In plaats dat mensen verblijven in de duisternis, niets te maken hebben met God, ongeacht hoe lang ze christen zijn geweest, omdat ze zeker een naam zullen hebben dat ze levend zijn, maar ze zijn dood (Openbaring 3:1). Plaats daarom altijd je enige hoop in God, die ons niet veroordeeld naar onze uiterlijke verschijning, maar altijd onze harten en daden onderzoekt. Bidt ook altijd en gehoorzaam het woord van God, zodat je volmaakte redding mag ontvangen.

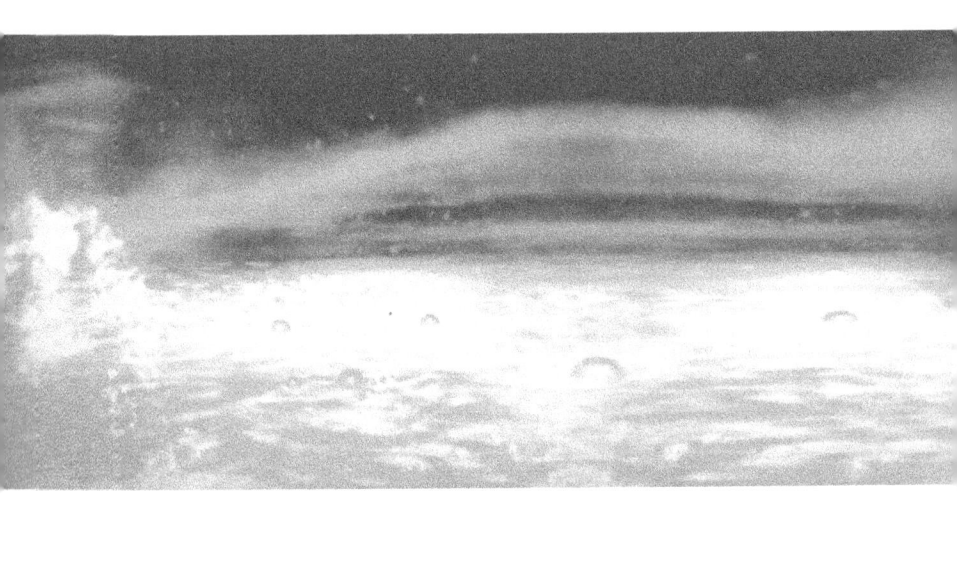

## Hoofdstuk 8

## De straffen in de hel
## na het grote oordeel

1. Ongeredde zielen vallen in de hel, na het oordeel
2. De poel des vuur en de poel van brandend zwavel
3. Sommigen blijven in het onder graf zelfs na het oordeel
4. Boze geesten worden beperkt in het Abyss
5. Waar zullen de demonen eindigen?

*"[In de hel] waar hun worm niet sterft
en het vuur niet wordt uitgeblust.
Want een ieder zal met vuur gezouten worden."*
*- Marcus 9:48-49 -*

*"De duivel, die hen verleidde,
werd geworpen in de poel van vuur en zwavel,
waar ook het beest en de valse profeet zijn,
en zij zullen dag en nacht gepijnigd worden
in alle eeuwigheden."*
*- Openbaring 20:10 -*

Met de tweede wederkomst van Christus begint het Duizendjarige rijk op deze aarde en daarna volgt het oordeel van de grote witte troon. Het oordeel – welke de hemel of de hel bepaald, en beloningen of straffen – zullen iedereen oordelen overeenkomstig wat hij/ zij gedaan heeft in dit leven. Dus, sommigen zullen genieten van het eeuwige geluk van de hemel en andere zullen voor eeuwig gestraft worden in de hel. Laat ons dieper kijken naar het oordeel van de grote witte troon, waardoor de hemel of de hel volgt, en wat voor soort plaats de hel is.

## 1. Ongeredde zielen vallen in de hel na het oordeel

In Juli 1982, terwijl ik aan het bidden was in voorbereiding van het begin van mijn bediening, leerde ik het Oordeel van de Grote Witte Troon tot in detail kennen. God toonde mij een voorstelling waarin Hij zat in Zijn troon, en degene die de rol van de jury speelden. Ondanks dat God oordeelt met nauwkeurigheid en eerlijkheid, en die niet overeenkomstig is aan die van de rechters van de wereld, Hij zal regeren met Jezus Christus als een Advocaat met liefde, Mozes als een aanklager van de wet, en de mensen als juryleden.

**De straffen van de hel worden beslist tijdens het oordeel**

Openbaringen 20:11-15 zegt ons hoe God oordeelt met

## De Hel

nauwkeurigheid en gerechtigheid. Het oordeel wordt uitgedragen door het Boek des levens waarin de namen van de geredden opgetekend zijn en de boeken waarin alle daden van de mensen staan vermeld.

> *En ik zag een grote witte troon en Hem, die daarop gezeten was, voor wiens aangezicht de aarde en de hemel vluchtten, en geen plaats werd voor hen gevonden. En ik zag de doden, de groten en de kleinen, staande voor de troon, en er werden boeken geopend. En nog een ander boek werd geopend, het (boek) des levens; en de doden werden geoordeeld op grond van hetgeen in de boeken geschreven stond, naar hun werken. En de zee gaf de doden, die in haar waren, en de dood en het dodenrijk gaven de doden, die in hen waren, en zij werden geoordeeld, een ieder naar zijn werken. En de dood en het dodenrijk werden in de poel des vuurs geworpen. Dat is de tweede dood: de poel des vuurs. En wanneer iemand niet bevonden werd geschreven te zijn in het boek des levens, werd hij geworpen in de poel des vuurs.*

"De doden" verwijst naar al degene die Christus niet hebben aangenomen als hun Redder of dood geloof hebben. Wanneer Gods verkozen tijd aanbreekt, zullen de "doden" opstaan en voor Gods troon komen om geoordeeld te worden. Het boek des levens zal geopend worden voor de troon van God.

Naast het boek des levens, waarin de namen van alle geredde

*De straffen in de hel na het grote oordeel*

mensen staan opgeschreven, zijn er nog andere boeken, waarin elke daad van de doodde in opgetekend staat. De engelen tekenen alles op wat we doen, zeggen, en denken, bijvoorbeeld, anderen vervloeken, iemand doen struikelen, in een opvlieging, goed doende, enzovoort. Net zoals je levende opnames kan maken van bepaalde gebeurtenissen en dialogen voor een lange tijd met een video camera of andere types, gebruikt God, de Almachtige ook elk tafereel van iemands leven op de aarde.

Dus God zal oordelen in gerechtigheid op de dag van het oordeel, overeenkomstig degene wat geschreven staat in deze boeken. Degene die niet gered zijn zullen geoordeeld worden overeenkomstig hun boze daden en zullen verschillende soorten straffen ontvangen overeenkomstig de ernst van hun zonden, tot de eeuwige hel.

### De poel van vuur of van brandend zwavel

Het deel "de zee gaf haar doden op" betekent niet dat de zee al degene op geeft die verdronken zijn. "De zee" verwijst hier naar de geestelijke wereld. Dat betekent dat degene die in de wereld leven en tot stof weerkeren, op zullen staan om geoordeeld te worden voor God.

Wat betekent het dan om te zeggen, "De dood en het dodenrijk gaven de doden die daarin waren"? Dat betekent dat al degene die lijden in het Onder Graf geoordeeld zullen worden door God. Na het oordeel van God, zullen de meesten die geleden hebben in het onder graf geworpen worden in de poel des vuurs of van brandend zwavel overeenkomstig de ernst van

## De Hel

hun zonden, omdat, zoals hierboven vermeld, de straffen in het onder Graf toegediend zullen worden totdat het Oordeel van de Grote witte troon aanbreekt.

*Maar de lafhartigen, de ongelovigen, de verfoeilijken, de moordenaars, de hoereerders, de tovenaars, de afgodendienaars en alle leugenaars – hun deel is in de poel, die brandt van vuur en zwavel: dit is de tweede dood* (Openbaring 21:8).

De straffen in de poel des vuurs kunnen onmogelijk vergeleken worden met die van het onder Graf. Het staat beschreven in Marcus 9:47-49, *"En indien uw oog u tot zonde zou verleiden, ruk het uit. Het is beter, dat gij met één oog het Koninkrijk Gods binnengaat, dan dat gij met twee ogen in de hel geworpen wordt, waar hun worm niet sterft en het vuur niet wordt uitgeblust Want een ieder zal met vuur gezouten worden."* Bovendien is poel van brandend zwavel zeven keer heter dan de poel des vuurs.

Tot het oordeel, worden mensen verscheurt door insecten en beesten, gefolterd door de boodschappers van de hel, of lijden aan verschillende soorten straffen in het Onder Graf, welke dient tot wachtplaats op weg naar de hel. Na het oordeel, zal enkel de pijn van de poel des vuurs en brandend zwavel overblijven.

## Doodsangst in de poel des vuurs of de poel van brandend zwavel

Toen ik de boodschappen bracht over de afgrijselijke gezichten van het Onder Graf, konden vele van mijn gemeenteleden hun tranen niet bedwingen of voorkomen dat ze niet huiverden met weeklagen over degene die in zo'n plaats zijn. Het lijden van de straffen in de poel des vuurs of de poel van brandend zwavel zijn echter veel erger dan enige straf van het Onder Graf. Kan jij je de grote van de foltering voor een ogenblik voorstellen? Zelfs wanneer we proberen, er is toch voor ons, die in het vlees zijn een grens, om dit geestelijke concept te begrijpen.

Evenzo, hoe kunnen wij de glorie en schoonheid van de hemel ten volle bevatten? Het woord "eeuwigheid" zelf is ook iets waarmee we niet bekend zijn en we worden eigenlijk gedwongen om er louter naar te gissen. Zelfs wanneer we proberen om een leven in de hemel voor te stellen, gebaseerd op "vreugde," "geluk," "verrukking," "schoonheid" en dergelijke, het leven van vandaag is niet te vergelijken met het leven in de hemel. Wanneer je eigenlijk naar de hemel gaat, alles met je eigen ogen ziet, en het leven ervaart, zal je mond openvallen en zal je sprakeloos zijn. Evenzo, tenzij we de foltering van de hel ervaren, zullen wij niet in staat zijn om de grote en hoeveelheid van lijden te bevatten, welke elke grens van deze wereld voorbij gaat.

De Hel

**Degene die vallen in de poel des vuurs of van brandend zwavel**

Ondanks dat ik mijn best ga doen, herinner je dat de hel geen plaats is welke nauwkeurig beschreven kan worden met woorden van deze wereld, en zelfs als ik het zo goed mogelijk zou uitleggen, dan zou mijn beschrijving minder dan een miljoenste hoeveelheid zijn van de afgrijselijke realiteit van de hel. Bovendien, wanneer zij zich herinneren dat de lengte van hun foltering voor eeuwig en altijd zal duren, worden de zielen gedwongen om nog meer te lijden.

Na het oordeel van de Grote Witte Troon, zullen degene die geleden hebben onder de eerste en tweede niveaus van straffen in het onder graf geworpen worden in de poel des vuurs. Degene die het derde en vierde niveau van straffen ondergaan hebben, zullen geworpen worden in de poel van brandend zwavel. De zielen die momenteel in het Onder Graf zijn weten waar ze zullen zijn na het oordeel. Zelfs wanneer ze opengescheurd worden door insecten en de boodschappers van de hel, kunnen deze zielen de poel des vuurs en van brandend zwavel zien, van op een afstand en zijn zich welbewust dat ze daar gestraft zullen worden.

Dus, de zielen in het Onder Graf lijden niet alleen aan hun huidige pijn, maar ook een geestelijke foltering van de angst voor de dingen die gaan komen na het Oordeel.

## Een schreeuw van weeklagen van een ziel in het Onder Graf

Terwijl ik aan het bidden was voor openbaringen over de hel, stond God mij door de Heilige Geest toe om het geschreeuw van weeklagen te horen van een ziel in het Onder Graf.

Hoe kan dit de vorm van een menselijk wezen zijn?
Zo zag ik er niet uit, tijdens mijn leven op aarde?
Mijn verschijning hier is verbijsterend en weerzinwekkend!

In deze eindeloze pijn en wanhoop,
Hoe kan ik daaruit bevrijdt worden?
Wat kan ik doen om hier uit te ontsnappen?
Kan ik sterven? Wat kan ik doen?
Kan ik even rusten voor een periode
Te midden van deze eeuwige straf?
Is er een mogelijkheid om dit verdoemde leven,
Van deze ondragelijke pijn te verkorten?

Ik pijnig mijn lichaam om mezelf te doden,
maar ik kan niet sterven.
Er is geen einde... er is gewoon geen einde...
Er komt geen einde aan de foltering van mijn ziel.
Er komt geen einde aan mijn eeuwige leven.
Hoe kan ik dit met woorden beschrijven?
Spoedig zal ik geworpen worden
In een brede en diepteloze poel van vuur.

## De Hel

Hoe ga ik dat verdragen?

De foltering hier is al ondragelijk!
de razende poel des vuurs is
zo angstaanjagend, zo diep en zo heet.
Hoe ga ik het volhouden?
Hoe kan ik er aan ontkomen?
Hoe kan ik deze foltering mogelijk ontwijken?

Alleen als ik kon leven...
Alleen als er een manier was voor mij om te leven...
Alleen als ik bevrijd kon worden...
Ik kan misschien zoeken naar een uitweg,
Maar ik kan het niet zien.

Er is alleen duisternis, wanhoop en pijn hier,
En er is alleen frustratie en moeite voor mij.
Hoe kan ik deze foltering verdragen?
Alleen als Hij de deur des levens zou openen...
Is ik maar een uitweg kon zien...

Redt mij alstublieft. Redt mij alstublieft.
Het is te angstaanjagend en te moeilijk voor mij om dit te verdragen.
Red mij alstublieft. Red mij alstublieft.
Mijn dagen zijn tot nu toe zo pijnlijk geweest.
Hoe ga ik in die vreselijke poel zijn?
Red mij alstublieft!

Kijk alstublieft naar mij!
Red mij alstublieft!
Heb alstublieft genade met mij!
Red mij alstublieft!
Red mij alstublieft!

**Eens je geworpen wordt in het Onder Graf**

Na het leven op de aarde, kan niemand een "tweede kans" ontvangen. Alleen het dragen van de last van je daden wacht op jou.

Wanneer mensen horen over het bestaan van de hemel en de hel, zeggen sommigen, "Dat zie ik wel als ik dood ben." Maar, eens je echter dood bent, is het te laat. Omdat er geen keerpunt is als je sterft, moet je dit zeker weten voor je sterft.

Als je in het Onder Graf geworpen wordt, ongeacht hoeveel spijt je ook hebt, je bekeert en smeekt tot God, kan je niet ontkomen aan de onvermijdelijke en verschrikkelijke straffen. Er is geen hoop voor je toekomst, alleen maar eindeloze foltering en wanhoop.

De ziel die weeklaagt zoals hierboven, weet maar al te goed dat er geen enkele weg of mogelijkheid meer is tot redding. Niettegenstaande dat, roept de ziel het uit tot God "voor het geval." De ziel smeekt om genade en redding. De roep van deze ziel keert terug in doordringend gegrien, en deze roep echoot enkel rond in de ruimte van hel en verdwijnt. Natuurlijk komt er geen antwoord.

De bekering van mensen in het onder graf is echter niet

oprecht en serieus ondanks dat het lijkt alsof ze zich medelijdend bekeren. Daar de goddeloosheid in hun hart aanwezig is en ze weten dat hun geschreeuw zinloos is, stralen deze zielen nog meer boosaardigheid uit en vervloeken God. Dit laat blijkbaar zien waarom zulk een persoon de hemel in de eerste plaats niet binnen kan gaan.

## 2. De poel des vuurs en de poel van brandend zwavel

In het Onder Graf, kunnen de zielen ten minste smeken, verwijten, klagen, en zichzelf afvragen "Waarom ben ik hier?" Ze vrezen ook voor de poel des vuurs en bedenken een manier om aan de foltering te ontsnappen, denkend, "Hoe kan ik nu de boodschapper van de hel ontvluchten?"

Eens ze echter in de poel des vuurs geworpen worden, kunnen ze aan niets anders denken dan aan de wanhoop en de eindeloze pijn. De straffen in het Onder Graf zijn relatief licht in vergelijking met die van de poel des vuurs. De straffen in de poel des vuurs zijn onvoorstelbaar pijnlijk. Het is zo pijnlijk dat we het niet kunnen begrijpen of kunnen voorstellen met onze beperkte capaciteiten.

Doe een beetje zout in een hete braadpan, als je een kleine voorstelling wil maken van de foltering. Je zal zien dat het zout poft, en dit gelijkt op een tafereel van de poel des vuurs: de zielen zijn zoals poffend zout.

Veronderstel je ook, dat je in een zwembad met kokend water

bent, ongeveer 100°C. De poel van brandend zwavel is zeven keer heter dan de poel van brandend vuur. Eens je erin geworpen wordt, is er geen enkele mogelijkheid om te ontsnappen en zal je voor eeuwig en eeuwig lijden. Het eerste, tweede, derde en vierde niveau van straffen in het Onder Graf voor het Oordeel zijn veel gemakkelijker om te verdragen.

Waarom dan laat God hen lijden in het Onder Graf, gedurende duizend jaren voordat ze hen in de poel des vuurs of poel van brandend zwavel gooien? De ongeredde mensen zullen alleen maar over zichzelf nadenken. God wil dat ze de reden ontdekken waarom ze bestemd zijn voor zo'n vreselijke plaats als de hel, en zich volledig bekeren van hun zonden uit het verleden. Het is echter heel moeilijk om mensen te vinden die zich bekeren, ze stralen eerder meer het boze uit dan ooit te voren. Nu weten we waarom God de hel heeft moeten maken.

### Gezouten worden met vuur in de poel des vuurs

Terwijl ik aan het bidden was in 1982, toonde God mij een tafereel van het Oordeel van de Grote Witte Troon, en in 't kort de poel des vuurs en de poel van brandend zwavel. Deze twee poelen waren onmetelijk.

Van af een afstand, leken de twee poelen en de zielen erin op mensen tijdens hete bronnen. Sommige mensen waren ondergedompeld tot de borst, terwijl anderen ondergedompeld waren tot de nek, en enkel hun gezicht zichtbaar was.

In Marcus 9:48-49, sprak Jezus over de hel als een plaats

# De Hel

*"waar hun worm niet sterft en het vuur niet wordt uitgeblust. Want een ieder zal met vuur gezouten worden."* Kan jij je voorstellen de pijn in zo'n verschrikkelijke omgeving? Terwijl deze zielen proberen te ontsnappen, is het enige wat ze kunnen doen is springen zoals gepoft zout en tandenknarsen.

Soms springen mensen in deze wereld op en neer terwijl ze spelen of wanneer ze dansen in de nachtclubs. Na een tijdje worden ze moe en rusten even als ze dat willen. In de hel, springen de zielen echter niet uit plezier, maar vanwege de extreme pijn, en natuurlijk, is er geen rust voor hen, wanneer ze dat willen. Ze schreeuwen het zo luid uit van pijn dat ze er lichtzinnig van worden, en hun afschampende ogen worden donker blauw en worden afgrijselijk bloeddoorlopen. Bovendien, barsten hun hersenen en komt het vocht er uit.

Ongeacht hoe wanhopig ze proberen, de zielen kunnen er niet uitkomen. Ze proberen het weg te duwen en vertrappelen elkaar, maar het is nutteloos. Elke centimeter van de poel des vuurs, waarvan het ene einde van het andere niet te zien is, behoudt dezelfde temperatuur, en de temperatuur van de poel neemt niet af, zelfs niet wanneer de tijd verstrijkt. Tot de dag van het oordeel van de grote witte troon, wordt het Onder Graf beheerst door Lucifer, en alle straffen worden gegeven overeenkomstig de macht en autoriteit van Lucifer.

Na het oordeel, zullen de straffen echter door God gegeven worden en opgelegd worden overeenkomstig Zijn voorzienigheid en macht. Dus, de temperatuur van de gehele poel des vuurs heeft altijd hetzelfde niveau.

Dit vuur zal de zielen laten lijden, maar zal ze niet doden. Net zoals de lichaamsdelen in het Onder Graf herstellen zelfs wanneer ze volledig in stukken gesneden of verscheurt zijn, herstellen de zielen in de hel spoedig nadat ze verschroeid zijn.

### Het gehele lichaam en organen worden verschroeid

Hoe worden de zielen in de poel des vuurs gestraft? Heb je ooit gekeken naar een voorstelling van stripboeken, animatiefilms, of cartoonseries op de televisie waarin een persoon geëlektrocuteerd wordt door "hoge elektrische spanning?" Op het moment dat hij geëlektrocuteerd wordt, veranderd zijn lichaam in een skelet met een donkergekleurde omtrek die zijn lichaam omringt. Wanneer hij vrij komt van de elektrische stroom, wordt hij terug normaal. Of foto's van X-ray scan die de ingewanden van een menselijk lichaam laten zien.

Op gelijke wijze worden de zielen in de poel des vuurs, in een ogenblik getoond in hun lichamelijke vorm. En het volgende ogenblik, kan je hun lichamen nergens meer zien en zijn enkel hun geesten zichtbaar. Dit patroon herhaalt zich. In het brandende vuur, worden de lichamen van de zielen in een ogenblik verbrand en verdwijnen, en dan zijn ze weer volledig herstelt.

In deze wereld, wanneer je een derdegraads brandwonde hebt, ben je misschien niet in staat de verstikkende sensatie te verdragen over je hele lichaam en wordt je boos. Niemand kan de graad van deze pijn begrijpen als je het niet zelf hebt ervaren. Je bent misschien niet in staat om de pijn te verdragen, wanneer je alleen maar je armen verbrand.

De Hel

In 't algemeen, gaat het verstikkende gevoel niet snel weg, na de verbranding, maar duurt enkele dagen. De hitte van vuur, dringt het lichaam binnen, pijnigt de cellen, soms zelfs het hart. Hoeveel pijnlijker zal het dan zijn, wanneer alle lichaamsdelen en inwendige organen verschroeid worden, waar ze weer herstellen en opnieuw verschroeien?

De zielen in het Onder Graf kunnen de pijn niet verdragen, maar ze kunnen ook niet flauwvallen, sterven, of een moment van rust nemen.

### De poel van brandend zwavel

De poel des vuurs is een plaats voor straffen waar degene zijn die relatief lichte zonden gedaan hebben en lijden onder het eerste of tweede niveau van het Onder Graf. Degene die zwaardere zonden gedaan hebben en lijden onder het derde of vierde niveau van straffen in het onder Graf, zullen in de poel van brandend zwavel terecht komen, welke zeven keer heter is dan de poel des vuurs. Zoals hierboven vermeld, is de poel van brandend zwavel voorbestemd voor de volgende mensen: degene die zich verzet hebben tegen de Heilige Geest, Hem lasterden of tegen Hem opstonden; degene die Jezus Christus opnieuw kruisigen; degene die Hem verraden; degene die opzettelijk blijven zondigen; buitengewone overspelige; degene die zondigen nadat hun geweten gebrandmerkt is; al degen die zich verzetten tegen God met boze daden; en de valse profeten en leraars die leugens onderwijzen.

De gehele poel des vuurs is gevuld met "rood" vuur. De poel

*De straffen in de hel na het grote oordeel*

van brandend zwavel is gevuld met meer "geel" dan "rood" vuur en kookt altijd met bubbels, hier en daar, die ter grote zijn van pompoenen. De zielen in deze poel zijn volledig ondergedompeld in het kokende vloeibare brandende zwavel.

**Overweldigd door pijn**

Hoe kan je de pijn uitleggen in de poel van brandend zwavel welke zeven keer heter is dan de poel des vuurs, waarin de pijn onvoorstelbaar is?

Laat het mij uitleggen met een analogie van dingen uit deze wereld. Wanneer iemand vloeistof drinkt dat gesmolten is van ijzer in een opgeblazen oven, hoe pijnlijk zal dat zijn? Zijn ingewanden zullen verbranden, wanneer de hete, welke heet genoeg is om hard ijzer te smelten tot vloeistof, de maag binnenkomt door de keel.

In de poel des vuurs, kunnen de zielen ten minste springen of schreeuwen van de pijn. In de poel van brandend zwavel, kunnen de zielen echter niet eens kreunen of denken, maar worden enkel verdrukt door pijn. De mate van folteringen, wanhoop die verdragen moeten worden in de poel van brandend zwavel kan met geen enkele geste of woord beschreven worden. Bovendien, moeten de zielen eeuwig lijden. Hoe kan dit soort foltering beschreven worden met woorden?

221

## 3. Sommigen blijven in het onder graf zelfs na het oordeel

Geredde mensen van Oudtestamentische tijden waren in het Boven Graf totdat Jezus Christus opstond, en na Zijn opstanding, zijn zij het Paradijs binnengegaan en wachten in de wachtplaats van het Paradijs totdat Zijn tweede wederkomst in de lucht plaats zal vinden. Aan de ene kant, passen de geredde zielen van Nieuwtestamentische tijden zich gedurende drie dagen aan in het Boven Graf en gaan daarna naar de wachtplaats in het Paradijs en wachten daar tot de Tweede komst van Jezus Christus in de lucht.

Ongeboren kinderen echter die sterven in de baarmoeder van hun moeder gaan niet naar het Paradijs, noch na de opstanding noch na het oordeel. Zij verblijven voor eeuwig in het Boven Graf.

Op dezelfde manier, onder degene die heden lijden in het Onder Graf, zijn er uitzonderingen. Deze zielen worden niet in de poel des vuurs noch in de poel van brandend zwavel geworpen, zelfs niet na het oordeel. Wie zijn zij?

### Kinderen die sterven voor hun puberteit

Onder de ongeredde zielen zijn de geaborteerde foetussen van zes maanden of later in de zwangerschap en kinderen voor hun puberteit, ongeveer twaalf jaar oud. Deze zielen kunnen niet in de poel des vuurs of brandend zwavel geworpen worden. Dat komt omdat ondanks dat ze in het Onder Graf zijn door hun eigen kwaad, ze op het ogenblik van hun dood niet volwassen genoeg waren om een onafhankelijke eigen wil te bezitten. Dit betekent dat ondanks dat hun geloofsleven misschien niet de weg zou zijn die ze zouden verkiezen, omdat ze gemakkelijk beïnvloed kunnen worden door externe zaken zoals hun ouders, voorouders en omgevingen.

De God van liefde en gerechtigheid overweegt deze factoren en werpt hen niet in de poel des vuurs of de poel van brandend zwavel na het Oordeel. Dit betekent niet dat hun straffen zullen verminderen of verdwijnen. Ze zullen voor eeuwig gestraft worden, zoals daarvoor in het Onder Graf.

### Daar het loon van de zonde de dood is

Behalve voor dit geval, zullen alle mensen in het Onder Graf geworpen worden in de poel des vuurs of van brandend zwavel overeenkomstig de zonden die zij gedaan hebben toen ze ontwikkelt werden op aarde. In Romeinen 6:23 staat er, *"Want het loon, dat de zonde geeft, is de dood, maar de genade, die God schenkt, is het eeuwige leven in Christus Jezus, onze Here."* Hier verwijst "dood" niet naar het einde van het leven hier op aarde, maar betekent het de eeuwige straf in zowel de poel des vuurs als de poel van brandend zwavel. De vreselijke en angstaanjagende foltering van de eeuwige straf is het loon van de zonde, en je weet dus dat zonden verschrikkelijk, vuil en walgelijk zijn.

Wanneer mensen ook maar een klein beetje zouden weten over de eeuwige ellende van de hel, hoe kunnen ze dan niet

## De Hel

bevreesd zijn om naar de hel te gaan? Hoe kunnen ze dan Jezus Christus niet aannemen, gehoorzamen en leven overeenkomstig Gods woord?

Jezus vertelde ons het volgende in Marcus 9:45-47:

> *"En indien uw voet u tot zonde zou verleiden, houw hem af. Het is beter, dat gij kreupel ten leven ingaat, dan dat gij met uw twee voeten in de hel geworpen wordt, [waar hun worm niet sterft en het vuur niet wordt uitgeblust]. En indien uw oog u tot zonde zou verleiden, ruk het uit. Het is beter, dat gij met één oog het Koninkrijk Gods binnengaat, dan dat gij met twee ogen in de hel geworpen wordt.*

Het is beter voor je om je voet af te hakken wanneer je zondigt door naar plaatsen te gaan waar je niet zou moeten gaan dan in de hel te vallen. Het is beter voor je om je handen af te hakken als je zondigt door dingen te doen die je niet moet doen, dan naar de hel te gaan. Evenzo is het beter om je oog uit te rukken als je zondigt door naar dingen te kijken die je niet zou moeten zien.

Met de genade van God die echter vrij aan ons gegeven is, hoeven we onze handen en voeten niet af te hakken of onze ogen uit te rukken om de hemel binnen te mogen gaan. Dat komt omdat onze zondeloze en smetteloze Lam, de Here Jezus Christus, in onze plaats gekruisigd werd, en Zijn handen en voeten vastgespijkerd werden en Hij een doornenkroon droeg.

## De Zoon van God kwam om de werken van de duivel te vernietigen

Daarom, wie er gelooft in het bloed van Jezus Christus wordt vergeven, bevrijdt van de straf van de poel des vuurs of van brandend zwavel, en ontvangt als beloning Eeuwig leven.

1 Johannes 3:7-9 zegt ons, *"Kinderkens, laat niemand u misleiden. Wie de rechtvaardigheid doet, is rechtvaardig, gelijk Hij rechtvaardig is; wie de zonde doet is uit de duivel, want de duivel zondigt van den beginne. Hiertoe is de Zoon van God geopenbaard, opdat Hij de werken des duivels verbreken zou. Een ieder, die uit God geboren is, doet geen zonde; want het zaad (Gods) blijft in hem en hij kan niet zondigen, want hij is uit God geboren."*

Zonde is meer dan een daad, zoals stelen, vermoorden of oplichten. De zonde in iemands hart is een ernstigere zonde. God verafschuwt de zonde in onze harten. Hij haat zondevolle harten die zichzelf en anderen veroordelen, zondige harten die haten en struikelen, en zondige harten die listig zijn en verraad plegen. Hoe zou de hemel eruit zien als mensen met zulke harten zouden worden toegestaan om er binnen te gaan en te leven? Zelfs in de hemel zouden mensen dan discussiëren over goed en kwaad, en dat is de reden waarom God geen zondige mensen toelaat in de hemel.

Daarom, wanneer je een kind van God wordt welke bekrachtigd is door het bloed van Jezus Christus, moet je de leugen niet volgen of dienen als een slaaf van de duivel, maar leven in de waarheid als een kind van God, die Zelf het licht is. Alleen dan kan je alle glorie van de hemel bezitten, de zegeningen verkrijgen om te genieten van de autoriteit als een kind van God en voorspoedig te zijn, zelfs in deze wereld.

### Je moet niet zondigen terwijl je je geloof belijd

God houdt zoveel van ons, dat Hij Zijn geliefde, onschuldige en Enige Zoon liet sterven aan een kruis voor ons. Kan jij je voorstellen, hoeveel God dan weeklaagt en boos is, wanneer Hij ziet dat degene die beweren om "Gods kinderen" te zijn, zondigen, onder de invloed van de duivel en zo op snelle wijze voortgaan op weg naar de hel?

Ik vraag je niet te zondigen, maar Gods geboden te gehoorzamen, en je zelf te bewijzen als een kostbaar kind van God. Wanneer je dat doet, zullen al je gebeden sneller beantwoordt worden en zal je een echt kind van God worden, en uiteindelijk zal je het glorieuze Nieuwe Jeruzalem binnengaan en daar leven. Je zal ook de kracht en de autoriteit verkrijgen om de duisternis te verdrijven van degene die de waarheid nog niet kennen, en de slaven van de duivel worden. Je zal bekrachtigd worden om ze tot God te leiden.

Ik bid dat je een echt kind van God mag worden, antwoordt mag ontvangen op al je gebeden en verzoeken, Hem zal verheerlijken en talloze mensen zal bevrijden van de weg van de hel, zodat je de glorie van God mag bereiken en mag stralen als de zon in de hemel.

## 4. Boze geesten worden beperkt in het Abyss

Overeenkomstig de Webster's New World College Dictionary, wordt de term "Abyss" gedefinieerd als een "bodemloze kloof," "afgrond," of "alles wat te diep is om te meten." In de Bijbelse zin, is het Abyss het diepste en laagste deel van de hel. Het is enkel voorbestemd voor de boze geesten die niets te maken hebben met de menselijke ontwikkeling.

*Ik zag een engel uit de hemel neerdalen met de sleutel van de onderaardse diepte en zware ketenen in zijn hand. Hij greep de draak, de slang van weleer, die ook duivel of Satan wordt genoemd, en ketende hem voor duizend jaren. Hij gooide hem in de diepte, sloot de put boven hem en verzegelde die, opdat de volken niet meer door hem misleid zouden worden tot de duizend jaar voorbij waren; daarna moet hij korte tijd worden losgelaten* (Openbaring 20:1-3).

Dit is een beschrijving van een tijd tegen het einde van de zeven jaren van grote verdrukking. Na Jezus Christus' wederkomst, zullen de boze geesten gedurende zeven jaren de wereld beheersen, waarin wereld oorlog III en andere rampen over de aarde vrij zullen komen. Na de Grote Verdrukking is het Duizendjarige Rijk, waarin de boze geesten opgesloten worden in het Abyss. Tegen het einde van het Duizendjarige Rijk, worden de boze geesten gedurende een korte periode vrijgelaten en wanneer het oordeel van de Grote Witte troon voorbij is, zullen zij opnieuw opgesloten worden in het Abyss en deze keer, voorgoed. Lucifer en zijn dienstknechten beheersen de wereld van de duisternis, maar na het oordeel, zullen de hemel en de hel enkel geregeerd worden door Gods kracht.

## De boze geesten zijn enkel instrumenten voor de menselijke ontwikkeling

Wat voor soort straffen zullen de boze geesten, die alle macht en autoriteit verloren hebben, ontvangen in het Abyss?

Voordat we verder gaan, onthoud dat de boze geesten enkel dienen en bestaan als instrumenten voor de menselijke ontwikkeling. Waarom dan ontwikkelt God de mens op aarde, ondanks dat er talloze hemelse menigten en engelen zijn in de hemel? Dat komt omdat God echte kinderen wil met wie Hij Zijn liefde kan delen.

Laat mij een voorbeeld geven. Door de geschiedenis van Korea, had de adel vaak vele dienstknechten in hun huishouding. De dienstknechten gehoorzaamden hun meester in alles wat hij vroeg. Een meester nu heeft verloren zonen en dochters die niet willen gehoorzamen, maar enkel datgene doen wat ze zelf willen. Betekent dat nu dat de meester meer van zijn gehoorzame dienstknechten zal houden dan van zijn verloren kinderen? Hij kan zich er niet van weerhouden om van zijn kinderen te houden, ondanks dat ze niet zo gehoorzaam zijn.

Zo is het ook met God. Hij houdt van de mensheid die geschapen is naar Zijn beeld ongeacht hoeveel gehoorzame hemelse menigten en engelen Hij heeft. De hemelse menigten en engelen zijn meer als robotten, die enkel datgene doen wat van hen gevraagd wordt. Dus zij zijn niet in staat om echte liefde met God te delen.

Natuurlijk wil ik niet zeggen dat engelen en robotten het zelfde zijn in alle aspecten. Aan de ene kant doen robotten enkel datgene wat hen opgedragen wordt, hebben geen vrije wil en kunnen niets voelen. Aan de andere kant, kunnen engelen net zoals mensen het gevoel van vreugde en zorgen hebben

Wanneer je vreugde of zorgen voelt, hebben engelen niet hetzelfde gevoel als jou, maar weten wel wat je voelt. Daarom, wanneer je God prijst, zullen de engelen Hem samen met jou prijzen. Wanneer je danst om God te verheerlijken, zullen zij ook dansen en zelfs samen muziekinstrumenten bespelen. Deze karaktertrek onderscheidt hen van de robotten. En toch zijn engelen en robotten hetzelfde op het vlak van geen vrije wil te hebben en doen alleen datgene wat hen opgedragen wordt, ze zijn gemaakt en worden gebruikt als voorwerpen of instrumenten.

Zoals engelen, zijn de boze geesten niets minder dan voorwerpen die gebruikt worden voor de menselijke ontwikkeling. Ze zijn als machines die het goede niet van het kwade kunnen onderscheiden, zijn gemaakt voor een zeker doel, en worden gebruikt om de boze doelen te vervullen.

### De boze geesten worden opgesloten in de Abyss

De wet van de geestelijke wereld zegt dat "het loon van de zonde, de dood is" en "Een mens oogst wat hij zaait." Na het

# De Hel

grote oordeel, zullen de zielen van het Onder Graf lijden in de poel des vuurs of van brandend zwavel overeenkomstig deze wet. Dat komt omdat ze het boze verkozen hebben met hun vrije wil en gevoelens terwijl ze ontwikkeld werden op deze aarde.

De boze geesten behalve de demonen zijn niet relevant voor de menselijke ontwikkeling. Dus, zelfs na het oordeel, zullen de boze geesten opgesloten worden in het duistere en koude Abyss, verlaten zoals een hoop rommel. Dit is de meest passende straf voor hen.

Gods troon is gelegen in het centrum en toppunt van de hemel. In tegenstelling zijn de boze geesten opgesloten in het Abyss, de diepste en meest duistere plaats in de hel. Ze kunnen niet comfortabel bewegen in het duistere en koude Abyss. Alsof ze naar beneden gedrukt worden door grote rotsen, zullen de boze geesten voor eeuwig opgesloten worden in een vaste toestand.

Deze boze geesten behoorden eens tot de hemel en hadden glorieuze verplichtingen. Na hun val, gebruikten de gevallen engelen autoriteit op hun eigen wijze in de wereld van duisternis. Ze zijn echter verslagen tijdens een oorlog die ze hadden tegen God en alles was voorbij. Ze verloren hun glorie en waarde als hemelse wezens. In het abyss, als een symbool van vloek en ongenade, zullen de vleugels van deze gevallen engelen afgescheurd worden.

Een geest is een eeuwig wezen en onsterfelijk. En toch kan een boze geest in het Abyss zijn vinger niet bewegen, heeft geen gevoel of macht. Ze zijn als machines die aan en uitgezet moeten worden, of poppen die weggegooid zijn en zelfs bevroren lijken.

### Sommige boodschappers van de hel blijven in het onder graf

Er is een uitzondering van deze regel. Zoals hier boven vermeld. Kinderen onder de leeftijd van twaalf jaar, zullen in het Onder Graf verblijven zelfs na het oordeel. Dus, om deze straffen aan deze kinderen te continueren, zijn er boodschappers van de hel nodig om die toe te dienen.

Deze boodschappers van de hel zullen niet opgesloten worden in het Abyss, maar in het Onder Graf verblijven. Ze zien eruit als robotten. Voor het oordeel, lachten ze soms en genoten ervan om de zielen te zien lijden, dat kwam echter niet omdat ze emotie hadden. Het was de beheersing van Lucifer, die menselijke eigenschappen had, die de boodschappers van de hel dreef om deze emoties te laten zien. Na het oordeel, worden ze niet langer beheerst door Lucifer, maar ze willen hun werk niet doen zonder gevoelens, en werken als machines.

## 5. Waar zullen de demonen eindigen?

In tegenstelling tot gevallen engelen, draken en hun volgelingen, die geschapen zijn voor de grondlegging van de wereld, zijn demonen geen geestelijke wezens. Eens waren ze mensen, gemaakt van stof, en hadden een geest, ziel en lichaam. Onder degene die eens ontwikkelt werden in deze wereld, maar stierven zonder redding te ontvangen, zijn degene die vrijgelaten worden in deze wereld onder bijzondere omstandigheden als

## De Hel

demonen.

Hoe wordt iemand dan een demon? Er zijn gewoonlijk vier manieren waarop een persoon een demon wordt.

In het eerste geval zijn dat mensen die hun geest en ziel verkocht hebben aan Satan.

Mensen die afgoderij bedrijven en hulp en kracht zoeken bij de boze geesten om hun hebzucht en verlangens te vervullen, zoals afgodendienaars, kunnen demonen worden wanneer zij sterven.

In het tweede geval, zijn dat mensen die zelfmoord plegen in hun eigen boosheid.

Wanneer mensen hun leven zelf beëindigen vanwege het falen van een zaak of om andere redenen, hebben zij de soevereiniteit genegeerd die God gaf over hun leven, en kunnen zij demonen worden. Dit is echter niet hetzelfde als iemand die zijn/haar leven opoffert voor zijn/haar land of de hulpeloze helpt. Wanneer een mens niet weet hoe hij moet zwemmen, in het water springt om iemand anders te redden ten koste van zijn eigen leven, dan was dat om een goed en nobel doel.

In het derde geval, zijn dat mensen die eens in God gelooft hebben, maar uiteindelijke Hem verloochend hebben en hun geloof verkocht hebben.

Sommige gelovigen verwijten God en staan tegen Hem op wanneer ze door moeilijke situaties gaan of iemand of iets verliezen wat hen zeer kostbaar is. Charles Darwin, de pionier van de evolutietheorie is daar een goed voorbeeld van. Darwin had eens geloofd in God de Schepper. Toen zijn geliefde dochter vroegtijdig stierf, ontkende Darwin God en stond tegen Hem op en lanceerde de evolutietheorie. Zulke mensen zondigen door Jezus Christus, onze Verlosser opnieuw te kruisigen (Hebreeuwen 6:6).

In het vierde en laatste geval, zijn dat mensen die de Heilige Geest hebben tegengewerkt, gelasterd of belemmert hebben, ondanks dat zij in God geloofden en de waarheid kenden (Matteüs 12:31-32; Lucas 12:10).

Vandaag de dag, zijn er vele mensen die hun geloof uitdragen in God, en de Heilige Geest toch lasteren, tegenwerken en belemmeren. Zelfs wanneer deze mensen getuige zijn van de talloze werken van God, oordelen en veroordelen ze toch anderen, staan op tegen de werken van de Heilige Geest, en proberen de kerken te vernietigen die Zijn werken uitdragen. Bovendien, wanneer ze dat doen als leiders, worden hun zonden nog erger.

Wanneer deze zondaren sterven, worden zij in het Onder Graf geworpen en ontvangen het derde of vierde niveau van straffen. Het feit is dat sommige van deze zielen demonen worden en vrijgelaten worden in deze wereld. Voor meer informatie over demonen, verwijs ik u alstublieft naar de serie boodschappen met als titel "De wereld van de Boze geesten."

### Demonen beheerst door de duivel

Tot de dag van het oordeel, heeft Lucifer de volledige

autoriteit om de wereld van duisternis en het onder graf te beheren. Dus heeft Lucifer ook de macht om bepaalde zielen te selecteren die het meest geschikt zijn voor zijn werken, van het onder Graf en gebruikt hen in de wereld als demonen.

Eens deze zielen geselecteerd en vrijgelaten worden in de wereld, in tegenstelling tot hun eigen levenstijd, hebben zij niet langer een eigen wil of gevoelens. Overeenkomstig Lucifers wil, worden zij door de duivel beheerst en dienen enkel als instrument om de doelen van de wereld van boze geesten te vervullen.

De demonen verleiden de mensen van de wereld om de wereld lief te hebben. Een van meest gruwelijke zonde en misdaden vandaag gebeuren niet zomaar toevallig, maar worden mogelijk gemaakt door de werken van demonen overeenkomstig de wil van Lucifer. De demonen gaan in die mensen overeenkomstig de wet van de geestelijke wereld en leiden hen naar de hel. Soms maken demonen mensen kreupel of maken hen ziek. Natuurlijk betekent dat niet dat elke soort en geval van misvorming of ziekte toegebracht wordt door demonen, maar sommigen worden toegebracht door demonen. We vinden in de Bijbel een verhaal van een bezeten jongen, die doofstom was sinds zijn geboorte (Marcus 9:17-24), en een vrouw die kreupel was, die gedurende achttien jaar gebogen liep en zich zelf niet kon uitstrekken (Lucas 13:10-13).

Overeenkomstig de wil van Lucifer, zijn de demonen toegewezen met de lichtste plicht in de wereld van duisternis, maar zij zullen niet opgesloten worden in het Abyss na het oordeel. Daar de demonen eens mensen waren en ontwikkeld zijn, samen met degene die het derde of vierde niveau van straffen ontvangen in het Onder Graf, zullen zij geworpen worden in de poel van brandend zwavel na het oordeel van de Grote witte troon.

### De boze geesten zijn bang om naar het abyss te gaan

Enkelen van jullie die de woorden vanuit de Bijbel herinneren, vatten sommige dingen misschien verkeerd op. In Lucas 8, staat een verhaal waarbij Jezus een bezeten man ontmoet. Wanneer Hij de demonen beveelt om uit de man te gaan, zegt de demon, *"Wat hebt Gij met mij te maken, Jezus, Zoon van de allerhoogste God? Ik smeek U, dat Gij mij niet pijnigt!"* (Lucas 8:28) en smeekt Jezus om niet naar de Abyss gezonden te worden.

Demonen zijn voorbestemd om in de poel van brandend zwavel geworpen te worden, niet de Abyss. Waarom vroeg het dan aan Jezus om niet naar het Abyss gezonden te worden? Zoals hierboven vermeld, waren demonen ooit mensen en zo zijn zij instrumenten die gebruikt worden voor de menselijke ontwikkeling, overeenkomstig de wil van Lucifer. Dus toen de demon sprak tot Jezus door de mond van deze man, drukte het het hart van de boze geesten uit die hem beheersten, en niet van zichzelf. De boze geesten die als hoofd Lucifer hebben, weten dat wanneer de menselijke ontwikkeling door Gods voorziening beëindigd ze al hun kracht en autoriteit zullen verliezen en voor eeuwig opgesloten zullen worden in het Abyss. Hun vrees voor de toekomst werd duidelijk getoond door het pleiten van de demonen.

Bovendien, worden de demonen gebruikt als instrument zodat de vrees van deze boze geesten als ook hun einde opgetekend zou worden in de Bijbel.

**Waarom verafschuwen demonen water en vuur?**

Spoedig in mijn bediening, werkte de Heilige Geest zo krachtig in mijn gemeente, dat de blinden gingen zien, de stomme gingen spreken, mensen die verlamd waren gingen lopen, en boze geesten werden uitgedreven. Dit nieuws verspreidde zich over het hele land, en vele zieke mensen kwamen. In die tijd, bad ik persoonlijk voor de bezetenen en de demonen, als geestelijke wezens wisten van te voren dat ze uitgedreven zouden worden. Soms, smeekten de demonen mij, "Drijf ons alstublieft niet uit in water of vuur!" Natuurlijk kon ik niet overeenstemmen met hun verzoek.

Waarom haten demonen dan vuur en water? De Bijbel beschrijft ook hun rancune tegen water en vuur. Toen ik opnieuw bad voor deze openbaring, vertelde God mij dat water geestelijk staat voor leven, om nog specifieker te zijn, het woord van God die het licht zelf is. Bovendien, symboliseert vuur, het vuur van de Heilige Geest. Overeenkomstig, zullen de demonen die de duisternis zelf vertegenwoordigen, hun kracht en autoriteit verliezen wanneer ze uitgedreven worden naar vuur of water.

In Marcus 5 is er een gebeurtenis waarin Jezus de demon "Legioen" gebied om uit een man te gaan, en ze smeken Hem om in de varkens te varen (Marcus 5:12). Jezus gaf hen de toestemming, en de boze geesten kwamen uit de man en gingen in de varkens. De varkenskudde ongeveer tweeduizend stuks, stormden langs de helling de zee in en zij verdronken. Jezus deed dat om te voorkomen dat deze demonen verder zouden werken voor Lucifer door ze te laten verdrinken in de zee. Dat betekent echter niet, dat de demonen verdronken zijn, ze verliezen alleen hun macht. Dat is de reden waarom Jezus ons zegt *"Zodra de onreine geest van de mens is uitgevaren, gaat hij door dorre plaatsen om rust te zoeken, maar hij vindt die niet"* (Matteüs 12:43).

De kinderen van God zouden de geestelijke wereld duidelijk moeten kennen om de kracht van God te laten zien. De demonen beven in angst om uitgedreven te worden wanneer je de volledige kennis van de geestelijke wereld bezit. Maar ze zullen echter niet beven, wanneer je hen uitdrijft en zegt "Jij demon, ga uit en ga in het water! Ga in het vuur!" als je het geestelijk niet begrijpt.

### Lucifer worstelt om zijn koninkrijk te bevestigen

God is de God van overvloedige liefde, maar Hij is ook een God van gerechtigheid. Ongeacht hoe genadevol en vergevend de koningen van deze wereld kunnen zijn, toch kunnen ze niet onvoorwaardelijk genade en vergeving schenken ten alle tijden. Wanneer er dieven en moordenaars in het land zijn, zou een koning ze gevangen moeten nemen en ze moeten straffen overeenkomstig de wetten van het land om zo de vrede en de veiligheid van zijn mensen te waarborgen. Zelfs wanneer zijn geliefde zoon of persoon een ernstige overtreding begaat, zoals verraad, heeft de koning geen andere optie dan ze te straffen overeenkomstig de wet.

Evenzo, is de liefde van God de soort van liefde die in een lijn is met de nauwkeurige orde van de geestelijke wereld. God hield heel veel van Lucifer voor zijn verraad, en zelfs na het verraad, gaf God Lucifer de volledige autoriteit over de duisternis, maar het enige loon wat Lucifer zal ontvangen is de opsluiting in de Abys. Daar Lucifer dit feit kent, worstelt hij om zijn koninkrijk te bevestigen en in stand te houden. Dat is de reden waarom Lucifer, tweeduizend jaar geleden en daarvoor, vele profeten van God gedood heeft. Tweeduizend jaar geleden, toen Lucifer ontdekte dat Jezus geboren was, om te voorkomen dat het koninkrijk van God bevestigd zou worden en voor eeuwig zijn koninkrijk van de duisternis te handhaven, probeerde hij Jezus te doden door Koning Herodus. Nadat hij aangespoord was door Satan, beviel Herodus om alle jongetjes van het land te doden die twee jaar waren of jonger (Matteüs 2:13-18).

Daar bovenop, heeft Lucifer gedurende de laatste twee millennia altijd geprobeerd om iedereen die de wonderlijke kracht van God laat zien te vernietigen en te doden. En toch kan Lucifer God niet overweldigen of Zijn wijsheid overtreffen, en uiteindelijk zal hij gevonden worden in het Abys.

### De God van liefde wacht en geeft gelegenheden tot bekering

Alle mensen van de aarde zijn gebonden om geoordeeld te

worden overeenkomstig hun daden. Voor de onrechtvaardige wachten vloeken en straffen en voor de rechtvaardigen wachten zegeningen en glorie. God, die echter Zelf liefde is, gooit mensen niet onmiddellijk in de hel wanneer ze zondigen. Hij wacht geduldig op de mensen tot ze zich bekeren zoals geschreven staat in 2 Petrus 3:8-9, *"Doch dit ene mag u niet ontgaan, geliefden, dat één dag bij de Here is als duizend jaar en duizend jaar als één dag. De Here talmt niet met de belofte, al zijn er, die aan talmen denken, maar Hij is lankmoedig jegens u, daar Hij niet wil, dat sommigen verloren gaan, doch dat allen tot bekering komen."* Dit is de liefde van God, die wil dat alle mensen redding ontvangen.

Door deze boodschap over de hel, zou je moeten herinneren dat God ook geduldig was en wachtte op al degene die gestraft worden in het Onder Graf. Deze God van liefde weeklaagt over de zielen, die geschapen zijn naar Zijn beeld en Zijn gelijkenis, die nu lijden en voor eeuwig zullen lijden.

Ondanks Gods genade en liefde, zullen de mensen wanneer ze niet het evangelie aanvaarden en geloven maar blijven zondigen, elke gelegenheid verliezen om redding te ontvangen en zullen zij in de hel vallen.

Dat is de reden waarom wij gelovigen, altijd het evangelie moeten verkondingen of we nu de gelegenheid hebben of niet. Veronderstel dat er een grote brand uitbreekt in je huis, terwijl je weg bent. Wanneer je terug komt, staat het huis in lichter laaien en je kinderen zijn binnen aan het slapen. Zal je er dan niet alles aan doen om je kinderen te redden? Gods hart is nog meer gebroken wanneer Hij mensen, die naar Zijn beeld en Zijn gelijkenis geschapen zijn, ziet zondigen en in de eeuwige vlammen van de hel vallen. Evenzo kan je je voorstellen hoe welgevallig het voor God is wanneer Hij mensen redding ziet ontvangen?

Je zou het hart van God moeten begrijpen die van alle mensen houdt en treurt om degene die op weg zijn naar de hel, alsook het hart van Jezus Christus die niet wil dat er ook maar een persoon verloren gaat. Nu je gelezen hebt over de wreedheden en ellende van de hel, zal je misschien in staat zijn om te begrijpen waarom God welgevallen heeft in de redding van mensen. Ik hoop dat je het zal grijpen en het hart van God zal voelen, zodat je het goede nieuws zal verspreiden en mensen zal leiden naar de hemel.

## Hoofdstuk 9

# Waarom moest de God van liefde de hel Voorbereiden?

1. Gods geduld en liefde
2. Waarom moest God de hel voorbereiden?
3. God wil dat alle mensen redding ontvangen
4. Verspreidt vrijmoedig het evangelie

*"[God] die wil,
dat alle mensen behouden worden
en tot erkentenis der waarheid komen."
- 1 Timoteüs 2:4 -*

*"De wan is in zijn hand
en Hij zal zijn dorsvloer geheel zuiveren
en zijn graan in de schuur bijeenbrengen,
maar het kaf zal Hij verbranden
met onuitblusbaar vuur."
- Mattheüs 3:12 -*

*Waarom moest de God van liefde de hel Voorbereiden?*

Ongeveer tweeduizend jaar geleden, ging Jezus door alle steden en dorpen in Israël en verkondigde het goede nieuws en genas elke ziekte. Wanneer Hij mensen ontmoette, had Jezus bewogenheid voor hen, omdat ze voortgejaagd en afgemat waren, zoals schapen zonder een herder (Matteüs 9:36). Er waren talloze mensen die gered zouden worden, maar niemand die naar ze omkeek. Zelfs als Jezus ijverig rondtrok door de dorpen, en mensen bezocht, kon Hij toch niet een voor een voor hen zorgen.

In Matteüs 9:37-38, zei Jezus tot Zijn discipelen, *"De oogst is wel groot, maar arbeiders zijn er weinig. Bidt daarom de Heer van de oogst, dat Hij arbeiders uitzende in zijn oogst."* Er was een grote nood aan werkers, die de talloze mensen de waarheid zouden onderwijzen met een brandende liefde en de duisternis van hen zou verdrijven in Jezus plaats.

Vandaag de dag, zijn er zovele mensen verslaafd aan de zonden, ze lijden aan ziektes, armoede, verdriet en zijn op weg naar de hel – allemaal omdat ze de waarheid niet kennen. We moeten het hart van Jezus begrijpen die naar de werkers zoekt om ze uit te zenden in de oogst, zodat niet alleen jij redding ontvangt, maar ook zult belijden aan Hem, "Hier ben ik! Zend mij, Here!"

## 1. Gods geduld en liefde

Er was een zoon die geliefd en vereerd werd door zijn ouders. Op een dag, vroeg de zoon aan zijn ouders om zijn nalatenschap te ontvangen. Ze stemden toe met de vraag van de zoon, ook al konden ze hun zoon niet begrijpen, aan wie ze toch alles zouden nalaten. Toen ging de zoon weg met zijn nalatenschap. Ook al had hij hoop en ambities in het begin, ging hij steeds meer genieten van genot en de passies van de wereld en verkwistte uiteindelijk al zijn rijkdom. Bovendien, kwam er een ernstige hongersnood, en werd hij dus armer. Op een dag bracht iemand het nieuws over aan de ouders, en vertelde hen dat hun een bedelaar geworden was, mede door zijn leven van losbandigheid, en dus door alle mensen veracht werd.

Wat moeten zijn ouders gevoeld hebben? Misschien waren ze eerst boos, maar spoedig begonnen ze zich zorgen over hem te maken, denkende, "We vergeven je, zoon. Kom snel naar huis, alstublieft!"

### God aanvaard kinderen die terugkeren met berouw

Het hart van ouders staat opgeschreven in Lucas 15. De vader, wiens zoon vertrok naar een ver land, wachtte elke dag aan de deuropening op zijn zoon. De vader, wachtte op de terugkomst van zijn zoon, hij was zo wanhopig dat wanneer zijn zoon terugkwam hij hem onmiddellijk herkende, van op een afstand en naar zijn zoon toerende en zijn armen om hem heensloeg met vreugde. De vader gaf het mooiste kleed en sandalen aan de berouwvolle zoon, slachtte het gemeste kalf en hield een feest in eer van zijn zoon.

Dit is het hart van God. Hij vergeeft niet alleen degene die zich ernstig bekeren, ongeacht de hoeveelheid of ernst van hun zonden, maar hij vertroost en bekrachtigd ze ook om beter te doen. Wanneer iemand gered wordt door geloof, verheugt God zich en viert de gebeurtenis met de hemelse schare en engelen. Onze genadevolle God is liefde zelf. Met het hart van de vader dat op zijn zoon wacht, wil God ernstig dat alle mensen zich afkeren van de zonde en redding ontvangen.

### God van liefde en vergeving

Door Hosea 3, kan je een glimp krijgen van de overvloedige genade en bewogenheid van onze God, die altijd vurig is om te vergeven en zelfs de zondaren lief te hebben.

Op een dag gaf God de opdracht aan Hosea om een overspelige vrouw als zijn vrouw te nemen. Hosea gehoorzaamde en trouwde met Gomer. Enkele jaren later, was Gomer niet meer in staat om haar hart te bewaren en hield van een andere man. Bovendien, werd ze betaald als een prostituee en ging heen om een andere man lief te hebben. God zei toen tot Hosea, *"Ga weder heen, bemin een vrouw, die zich door een ander laat beminnen en overspelig is, gelijk de HERE de Israëlieten bemint, die zich tot andere goden wenden en minnaars zijn van druivenkoeken"* (Hosea 3:1).God gaf Hosea het bevel om zijn vrouw, die hem verraden had en het huis verlaten had om een andere man lief te hebben, lief te hebben. Hosea bracht Gomer terug nadat hij vijftien zilverstukken en anderhalve homer gerst had betaald (Hosea 3:2). Hoeveel mensen kunnen dat doen? Nadat Hosea haar teruggebracht had, zei hij tot haar, *"Vele dagen zult gij blijven zitten; gij zult geen ontucht bedrijven, geen man*

# De Hel

*toebehoren; en ook ik zal tot u niet komen"* (Hosea 3:3). Hij veroordeelde haar of haatte haar niet, maar hij vergaf haar met liefde en smeekte haar om nooit meer bij hem weg te gaan.

Wat Hosea deed leek dwaas in de ogen van de mensen van deze wereld. Zijn hart symboliseerde echter Gods hart. De wijze waarop Hosea trouwde met een overspelige vrouw, God hield eerst van ons, die Hem verlaten hadden en bevrijdde ons zelfs.

Na Adams ongehoorzaamheid, werd de gehele mensheid gedrenkt in zonde. Zoals Gomer, waren ze niet waardig om Gods liefde te ontvangen. Maar ondanks alles hield God van hen en gaf hen Zijn enige Zoon Jezus om gekruisigd te worden. Deze Jezus werd gegeseld, droeg een doornenkroon, en werd met Zijn handen en voeten vastgenageld zodat Hij ons kon redden. Zelfs toen Hij aan het kruis hing om te sterven, bad Hij, "Vader, vergeef hen." Zelfs wanneer wij spreken, doet Jezus voorbede voor alle zondaren voor de troon van onze God en Vader in de hemel.

En toch, kennen zoveel mensen de liefde en genade van God niet. In plaats daarvan houden ze van de wereld en blijven de zonde najagen in hun verlangens van het vlees. Sommigen leven in de duisternis omdat ze de waarheid niet kennen. Anderen kennen de waarheid, maar wanneer de tijd verstrijkt, veranderen hun harten en vallen ze opnieuw in de zonde. Eens ze gered zijn, moeten mensen zich dagelijks heiligen. Hun harten worden echter corrupt en besmet, in tegenstelling tot de tijd dat ze eerst de Heilige Geest hadden ontvangen. Dat is de reden waarom de mensen dat soort van kwaad doen, welke ze eens verworpen hadden.

*Waarom moest de God van liefde de hel Voorbereiden?*

God wil ons nog steeds vergeven en liefhebben zoals de mensen die zondigen en van de wereld houden. Net zoals Hosea zijn overspelige vrouw terug nam die van een andere man hield, wacht God op Zijn kinderen totdat zij terugkeren en dat Zijn kinderen zich bekeren wanneer ze gezondigd hebben.

Daarom moeten wij het hart van God begrijpen die aan ons de boodschap van de hel geopenbaard heeft. God wil ons niet bang maken; Hij wil alleen dat we de ellende van de hel kennen, ons volledig bekeren en redding ontvangen. De boodschap van de hel is een manier van Hem om Zijn brandende liefde aan ons uit te drukken. We moeten ook begrijpen waarom God de hel heeft voorbereid zodat we Zijn hart dieper leren kennen en het goede nieuws verspreiden aan meer mensen om hen te redden van de eeuwige straffen.

## 2. Waarom moest God de hel voorbereiden?

Genesis 2:7 zegt, *"Toen formeerde de HERE God de mens van stof uit de aardbodem en blies de levensadem in zijn neus; alzo werd de mens tot een levend wezen."*

In 1983, het jaar nadat ik de deuren van mijn gemeente had geopend, toonde God mij een visioen waarin de schepping van Adam werd weergegeven. God was gelukkig en vreugdevol Adam aan het kneden in de klei, met zorg en liefde, als een kind wat aan het spelen was met zijn/ haar favoriete speelgoed of pop. Nadat Hij Adam nauwkeurig had gekneed, blies God de levensadem in zijn neusgaten. Omdat we de levensadem van

# De Hel

God ontvangen hebben, die Geest is, zijn onze geest en ziel onsterfelijk. Vlees gemaakt van het stof zal verdwijnen en terugkeren tot een handjevol stof, maar onze geest en ziel zullen voor eeuwig blijven bestaan.

Om die reden, heeft God plaatsen voorbereid waar deze onsterfelijke geesten kunnen verblijven, en die plaatsen zijn de hemel en de hel. Zoals geschreven staat in 2 Petrus 2:9-10, zullen de mensen die een Gods vrezend leven hebben geleefd, gered worden en de hemel binnengaan, maar de onrechtvaardigen zullen gestraft worden in de hel.

*Dan weet de Here de godvruchtigen uit de verzoeking te verlossen en de onrechtvaardigen te bewaren om hen op de dag des oordeels te straffen, vooral hen, die, begerig naar onreinheid, het vlees volgen en (hemelse) heerschappij verachten. Zulke vermetelen, vol van zelfbehagen, schromen niet de heerlijkheden te lasteren.*

Aan de ene kant, zullen Gods kinderen leven onder Zijn eeuwige heerschappij in de hemel. Dus de hemel zal altijd vol van geluk en blijdschap zijn. Aan de andere kant, is de hel een plaats waar al degene die Gods liefde niet hebben aangenomen maar Hem verraden hebben en een slaaf van de zonde werden, heen zullen gaan. In de hel zullen zij wrede straffen ontvangen. Waarom dan heeft de God van liefde de hel voorbereid?

## God scheidt het koren en het kaf

Zoals een boer zaad zaait en het cultiveert, verzorgt God de mensheid in deze wereld om echte kinderen te verkrijgen. Wanneer de tijd van oogst aanbreekt, zal Hij het koren van het kaf scheiden, het koren naar de hemel sturen en het kaf naar de hel.

*De wan is in zijn hand en Hij zal zijn dorsvloer geheel zuiveren en zijn graan in de schuur bijeenbrengen, maar het kaf zal Hij verbranden met onuitblusbaar vuur* (Matteüs 3:12).

Het "koren" hier vertegenwoordigt al degene die Jezus Christus hebben aangenomen en proberen het beeld van God te herstellen en leven overeenkomstig Zijn woord. Het "Kaf" vertegenwoordigt al degene die Jezus Christus niet hebben aangenomen als hun Redder, maar de wereld liefhebben en het kwade volgen.

Wanneer een boer het koren verzamelt in een schuur en het kaf verbrand of het gebruikt als kunstmeststof in de oogst, brengt ook God het koren in de hemel en het kaf werpt Hij in de hel.

God wil er zeker van zijn dat we weten over het bestaan van het Onder Graf en de hel. De lava onder de oppervlakte van de aarde en het vuur dienen als een herinnering aan de eeuwige straffen in de hel. Als er geen vuur of zwavel in deze wereld zouden zijn, hoe zouden we dan de vreselijke taferelen van de hel

De Hel

en het Onder Graf kunnen voorstellen? God heeft deze dingen geschapen, omdat ze noodzakelijk zijn voor de menselijke ontwikkeling.

### De reden waarom "het kaf" in het vuur van de hel geworpen wordt

Sommigen vragen zich misschien af, "Waarom heeft de God van liefde de hel voorbereid? Waarom kan Hij het kaf ook niet toelaten in de hemel?"

De schoonheid van de hemel gaat elke voorstelling of omschrijving te boven. God, de meester van de hemel is heilig zonder vlek of onvolkomenheid en dus, alleen degene die Zijn wil doen, worden toegelaten in de hemel (Matteüs 7:21). Wanneer goddeloze mensen in de hemel zouden zijn, samen met de mensen die vol van liefde en goedheid zijn, zou het leven in de hemel buitengewoon moeilijk en pijnlijk zijn, en zou de mooie hemel alleen maar besmet worden. Dat is de reden waarom God de hel heeft voorbereid om het koren in de hemel van het kaf in de hel te scheiden.

Zonder de hel, zouden de rechtvaardigen en goddelozen gedwongen worden om met elkaar te leven. Als dat het geval was geweest, dan zou de hemel een plaats van duisternis worden, gevuld met kreten en geschreeuw in angst. Het doel van Gods menselijke ontwikkeling is echter niet om zo'n plaats te scheppen. De hemel is een plaats zonder tranen, zorgen, foltering, en ziekte, waar Hij Zijn overvloedige liefde kan delen met Zijn kinderen voor eeuwig. Dus de hel is noodzakelijk, om de goddeloze en waardeloze mensen – het kaf voor eeuwig op te sluiten. Romeinen 6:16 zegt, *"Weet gij niet, dat gij hem, in wiens dienst gij u stelt als slaven ter gehoorzaamheid, ook moet gehoorzamen als slaven, hetzij dan van de zonde tot de dood, hetzij van de gehoorzaamheid tot gerechtigheid?"* Ondanks dat ze het niet wisten, zijn al degene die niet leven overeenkomstig Gods woord slaven van de zonde en slaven van onze vijand Satan en de duivel. Op deze aarde worden zij beheerst door de vijand Satan en de duivel; na de dood, zullen zij geworpen worden in de handen van die boze geesten in de hel en allerlei soorten straffen ontvangen.

## God beloont iedereen overeenkomstig wat hij/zij gedaan heeft

Onze God is niet alleen een God van liefde, genade en goedheid, maar ook een eerlijke en rechtvaardige God die iedereen beloont overeenkomstig zijn daden. Galaten 6:7-8 zegt:

> *Dwaalt niet, God laat niet met Zich spotten. Want wat een mens zaait, zal hij ook oogsten. Want wie op (de akker van) zijn vlees zaait, zal uit zijn vlees verderf oogsten, maar wie op (de akker van) de Geest zaait, zal uit de Geest eeuwig leven oogsten.*

Aan de ene kant, wanneer we gebeden en lofprijs zaaien, zal je bekrachtigd worden om te leven overeenkomstig Gods woord met kracht vanuit de hemel, en je geest en ziel zullen gezond zijn. Wanneer je zaait met getrouwe diensten, zullen alle delen – geest, ziel en lichaam – bekrachtigd worden. Wanneer je geld zaait door de tiende of dankoffers, zal je financieel gezegend worden zodat je nog meer kan zaaien in Gods koninkrijk en gerechtigheid. Aan de andere kant, wanneer je het kwade zaait, zal je ook het exacte hoeveelheid kwaad terug ontvangen. Zelfs wanneer je een gelovige bent, wanneer je zonde en wetteloosheid zaait, zal je vele moeilijkheden tegenkomen. Daarom hoop ik dat je verlicht zal worden en dit feit zal leren door de hulp van de Heilige Geest, zodat je meer eeuwig leven mag ontvangen.

In Johannes 5:28-29, vertelde Jezus ons dat *"Verwondert u hierover niet, want de ure komt, dat allen, die in de graven zijn, naar zijn stem zullen horen, en zij zullen uitgaan, wie het goede gedaan hebben, tot de opstanding ten leven, wie het kwade bedreven hebben, tot de opstanding ten oordeel."* In Matteüs 16:27, beloofde Jezus ons, *"Want de Zoon des mensen zal komen in de heerlijkheid zijns Vaders, met zijn engelen, en dan zal Hij een ieder vergelden naar zijn daden."*

Met feilloze nauwkeurigheid, beloont God door het oordeel geschikte beloningen uit en wijst de gepaste straffen toe aan iedereen overeenkomstig wat hij/zij gedaan heeft. Of nu iedereen naar de hemel zal gaan of de hel is niet aan God, maar iedereen die een vrije wil heeft, en iedereen die oogst wat hij/zij heeft gezaaid

## 3. God wil dat alle mensen redding ontvangen

God beschouwt een mens geschapen naar Zijn beeld en gelijkenis veel belangrijker dan het gehele heelal. Dus, wil God dat alle mensen geloven in Jezus Christus en redding ontvangen.

### God verheugt zich nog meer wanneer een zondaar zich bekeert

Met het hart van een herder die naar een verloren schaap zoekt rondom de ruwe wegen, ondanks dat hij nog negenennegentig andere schapen moet beschermen (Lucas 15:4-7), verheugt God zich meer over een zondaar die zich bekeert dan over de negenennegentig andere rechtvaardige mensen die zich niet hoeven te bekeren.

De Psalmist schreef in Psalm 103:12-13, *"Zover het oosten is van het westen, zover doet Hij onze overtredingen van ons; gelijk zich een vader ontfermt over zijn kinderen, ontfermt Zich de HERE over wie Hem vrezen."* God beloofde ook in Jesaja 1:18 dat, *"Komt toch en laat ons tezamen richten, zegt de HERE; al waren uw zonden als scharlaken, zij zullen wit worden als sneeuw; al waren zij rood als karmozijn, zij zullen worden als witte wol."*

God is het licht zelf en in Hem is geen duisternis. Hij is ook de goedheid zelf, die zich afkeert van de zonde, maar wanneer een zondaar voor Hem komt, en zich bekeert, herinnert God zijn zonden niet meer. In plaats daarvan omarmt en zegent God de zondaar in Zijn ongelimiteerde vergeving en warme liefde.

De Hel

Wanneer je Gods verbazingwekkende liefde zelfs maar een klein beetje kan begrijpen, moet je iedereen met dezelfde liefde behandelen. Je zou bewogenheid moeten hebben met degene die op weg zijn naar het vuur van de hel, ernstig voor hen bidden, het goede nieuws met hen delen en degene die een zwak geloof hebben bezoeken en hen versterken in hun geloof, zodat ze standvastig mogen zijn.

**Wanneer je je niet bekeert**

1 Timoteüs 2:4 zegt ons, *"die wil, dat alle mensen behouden worden en tot erkentenis der waarheid komen."* God wil wanhopig dat alle mensen Hem kennen, redding ontvangen, en komen naar de plaats waar Hij is. God is verlangend naar de redding van een persoon, wachtende op de mensen in de duisternis en zonde om terug te keren tot Hem.

Zelfs wanneer God echter de mensen talloze gelegenheden geeft om zich te bekeren, naar de mate van het offer van Zijn enige Zoon aan het kruis, wanneer zij zich niet bekeren en sterven, blijft er nog maar een feit voor hen over. Overeenkomstig de wet van de geestelijke wereld, zullen zij oogsten en terug ontvangen overeenkomstig datgene wat zij gedaan hebben, en uiteindelijk in de hel geworpen worden.

Ik hoop dat je deze ontzagwekkende liefde en gerechtigheid van God zal beseffen, zodat je Jezus Christus mag aannemen en vergeving mag ontvangen. Bovendien, gedraag je en leef overeenkomstig de wil van God zodat je mag stralen als de zon in de hemel.

## 4. Verspreidt vrijmoedig het evangelie

Degene die het bestaan van de hemel en de hel kennen en echt geloven, kunnen zich er niet van weerhouden om te evangeliseren, omdat ze het hart van God kennen, die wil dat alle mensen ook redding ontvangen.

**Zonder mensen die het goede nieuws verspreiden**

Romeinen 10:14-15 zegt ons dat God degene prijst die het goede nieuws verspreiden:

> *Hoe zullen zij dan Hem aanroepen, in wie zij niet geloofd hebben? Hoe geloven in Hem, van wie zij niet gehoord hebben? Hoe horen zonder prediker? En hoe zal men prediken zonder gezonden te zijn? Gelijk geschreven staat: "Hoe liefelijk zijn de voeten van hen, die een goede boodschap brengen."*

In 2 Koningen 5, staat het verhaal van Naäman, een bevelhebber van het leger van de koning van Aram. Naäman was een hooggeplaatste en een nobele man, bij zijn koning, omdat hij zijn land vele keren had gered. Hij verkreeg roem en weelde, en had aan niets gebrek. En toch, had Naäman melaatsheid. In die dagen, was melaatsheid een ongeneeslijke ziekte en werd dit beschouwd als een vloek vanuit de hemel, dus nu waren Naämans moed en rijkdommen nutteloos voor hem. Zelfs de koning kon hem niet helpen.

## De Hel

Kan jij je voorstellen het hart van Naäman, terwijl hij toekeek hoe zijn eens gezonde lichaam verteerd werd en verging van dag tot dag? Bovendien, bleven zelfs zijn eigen familieleden op afstand van hem, uit vrees dat ze ook besmet zouden raken met de ziekte. Hoe krachteloos en hulpeloos moet Naäman zich gevoeld hebben?

En toch had God een goed plan voor Naäman, een heidense bevelhebber. Er was een dienstmaagd, die gevangen genomen was uit Israël, en nu de vrouw van Naäman diende.

### Naäman werd genezen door te luisteren naar zijn dienstmaagd

De dienstmaagd, ondanks dat ze een klein meisje was, wist hoe ze het probleem van Naäman kon oplossen. Het meisje geloofde dat Elisa, een profeet in Samaria, haar meesters ziekte kon genezen. Ze sprak vrijmoedig het nieuws over Gods kracht, die getoond werd door Elisa, aan haar meester. Ze hield haar mond niet, vooral niet in datgene waar ze een groot deel van geloof in had. Na het horen van dit nieuws, bereidde Naäman offers voor in zijn uiterste oprechtheid en ging heen om de profeet te zien.

Wat denk je wat er gebeurde met Naäman? Hij werd volledig genezen door de kracht van God, die met Elisa was. Hij beleed zelfs, *"Zie, nu weet ik, dat er op de gehele aarde geen God is behalve in Israël. Neem dan een geschenk aan van uw dienaar"* (v. 15). Naäman werd niet alleen genezen van zijn ziekte, maar het probleem van zijn geest werd ook opgelost.

Over dit verhaal, maakt Jezus een opmerking in Lucas 4:27:

*"En er waren vele melaatsen in Israël ten tijde van de profeet Elisa, en geen van hen werd gereinigd, doch wel Naäman de Syriër."* Waarom kon alleen Naäman, de heiden, genezen worden, ondanks dat er vele melaatsen waren in Israël? Dat komt omdat Naämans hart oprecht goed en nederig genoeg was om te luisteren naar het advies van andere mensen. Ondanks dat Naäman een heiden was, bereidde God toch de weg van redding voor hem, omdat hij een goed man was, altijd een getrouwe generaal van de koning was, en een dienstknecht die van zijn mensen hield, zoveel dat hij zelfs gewillig was om zijn eigen leven voor hen op te geven.

Wanneer de dienstmaagd de boodschap echter niet had gebracht aan Naäman over de kracht van Elisa, zou hij gestorven zijn zonder genezing, en zeker zonder redding. Het leven van een nobele en waardige strijder hing af van de lippen van een klein meisje.

### Verkondig vrijmoedig het evangelie

Zoals het was in het geval van Naäman, wachten er vele mensen om je heen totdat jij je mond opent. Zelfs in dit leven, lijden ze aan vele moeilijkheden van het leven en naderen de hel elke dag. Hoe jammer zal het zijn, wanneer ze eeuwig gefolterd worden na zo'n moeilijk leven op de aarde? Daarom, moeten Gods kinderen zeer vrijmoedig het Evangelie verkondigen aan zulke mensen.

God zal een enorm welgevallen hebben, door de kracht van de Here, wanneer mensen die stervende zijn, leven ontvangen,

# De Hel

en mensen die lijden vrij worden. Hij zal ze ook voorspoedig en gezond maken, en hen vertellen, "Jij bent Mijn kind, die Mijn geest verkwikt." Bovendien, zal God hen helpen om geloof te verkrijgen welke groot genoeg is om de glorieuze stad van het Nieuwe Jeruzalem, waar de Troon van God gelegen is binnen te gaan. Bovendien, zullen de mensen die het Goede Nieuws door jou gehoord hebben en Jezus Christus hebben aangenomen je niet dankbaar zijn voor wat je gedaan hebt?

Wanneer mensen tijdens dit leven geen geloof hebben wat groot genoeg is, om gered te worden, zullen zij nooit een "tweede kans" ontvangen als ze in de hel zijn. Te midden van het eeuwige lijden en angst, kunnen ze alleen nog spijt hebben en voor eeuwig en eeuwig weeklagen.

Voor u die het evangelie gehoord hebben en de Here aangenomen hebben, waren er onmeetbare offers en toewijdingen van talloze voorvaders van het geloof, die gedood zijn door het zwaard, geworpen zijn als prooien voor hongerige dieren, of omringt waren door folteringen, omdat ze het goede nieuws brachten.

Wat zou jij doen, nu je weet dat jij gered bent van de hel? Je moet proberen je best te doen, om zoveel mogelijk zielen te bevrijden van de hel en ze te brengen in de armen van de Here. In 1 Korintiërs 9:16, belijdt de apostel Paulus zijn opdracht met een brandend hart: *"Want indien ik het evangelie verkondig, heb ik geen stof tot roemen. Immers, ik ben ertoe genoodzaakt. Want wee mij, indien ik het evangelie niet verkondig!"*

*Waarom moest de God van liefde de hel Voorbereiden?*

Ik hoop dat je de wereld in zal gaan met een brandend hart van de Here en vele zielen zal redden van de eeuwige straf van de hel.

Je hebt in de boek geleerd over de eeuwige, afschuwelijke en wrede plaats genoemd de hel. Ik bid dat je de liefde van God zal voelen, die niet wil dat er ook maar een persoon verloren gaat, en wakker blijft in je Christelijke wandel, en het Evangelie brengt aan iedereen die het moet horen.

In Gods ogen ben jij kostbaarder dan de gehele wereld, en veel meer waard dan iets maar in dit universum, omdat jij geschapen bent naar Zijn eigen beeld. Daarom moet je niet een slaaf van de zonde worden, die opstaat tegen God en in de hel eindigt, maar een echt kind van God worden, die in het licht wandelt, handelt en leeft overeenkomstig de waarheid.

Met dezelfde mate van welbehagen, die God had, toen Hij Adam schiep, kijkt Hij zelfs vandaag naar jou. Hij wil dat je het echte hart verkrijgt, snel volwassen wordt in je geloof, en de volledige mate van de volheid van Christus bereikt.

In de naam van de Here, bid ik dat je Jezus Christus onmiddellijk zal aannemen en de zegeningen en autoriteit zal ontvangen als een kostbaar kind van God, zodat je de rol van het zout en het licht in de wereld mag vervullen, en talloze mensen tot redding mag leiden!

De auteur:
# Dr. Jaerock Lee

Dr. Jaerock Lee werd geboren in Muan, Provincie Jeonnam, Republiek van Korea, in 1943. In zijn twintiger jaren, leed Dr. Lee aan verschillende ongeneeslijke ziektes gedurende zeven jaar en wachtte op zijn dood zonder enige hoop op herstel. Op een dag in de lente van 1974, echter, werd hij naar een kerk geleid door zijn zuster en toen hij neerknielde om te bidden, genas de levende God hem onmiddellijk van al zijn ziektes.

Vanaf die tijd, ontmoette Dr. Lee de levende God door deze wonderlijke ervaring, hij heeft God lief met zijn hele hart en in oprechtheid, en in 1978 werd hij geroepen om een dienstknecht van God te zijn. Hij bad vurig zodat hij duidelijk de wil van God kon begrijpen en deze volledig te vervullen en alle woorden van God te gehoorzamen. In 1982, richtte hij de Manmin Kerk op in Seoul, Zuid-Korea, en ontelbare werken van God, inclusief wonderlijke wonderen van genezing en tekenen, hebben plaats gevonden in zijn kerk.

In 1986, werd Dr. Lee aangesteld als een voorganger in de jaarlijkse vergadering van Jezus' Sungkyul Gemeente van Korea, en 4 jaar later in 1990, werden zijn boodschappen uitgezonden in Australië, Rusland, de Filippijnen en nog meer landen door het Verre Oosten Televisie Bedrijf, het Televisie Bedrijf Azië, en het Washington Christelijke Radio Systeem.

Drie jaar later in 1993, werd de Manmin Centrale kerk uitgekozen tot een van de "werelds top 50 kerken" door het *Christian World* magazine (US) en hij ontving een Ere doctoraat van Godgeleerdheid van het Christian Faith College, Florida, USA, en in 1996 een Dr. in de Bediening van Kingsway Theologische Seminarium, Iowa, USA.

Sinds 1993, heeft Dr. Lee de leiding genomen in de wereld zending door vele overzeese campagnes in Tanzania, Argentinië, L.A., Oeganda, Japan, Pakistan, Kenia, de Filippijnen, Honduras, India, Rusland, Duitsland, Peru, Democratisch Republiek van Kongo, en Israël en Estonia.

In 2002 werd hij een "wereldwijde opwekkingsprediker" genoemd door een groot Christelijk Nieuwsblad in Korea, vanwege zijn krachtige bedieningen tijdens buitenlands campagnes. Vooral, zijn "New York campagne in 2006" welke gehouden werd in de Madison Square Garden, de beroemdste arena ter wereld, werd uitgezonden in meer dan 220 naties, en zijn 'Israel Verenigde Campagne in 2009' welke gehouden werd in het International Convention Center in Jeruzalem, waar hij vrijmoedig Jezus Christus verkondigde als de Messias en Redder. Zijn boodschap werd uitgezonden in 176 landen via satelliet inclusief GCN TV en hij stond op de Top 10 lijst als zijnde een van de meest invloedrijke Christelijke leiders van 2009 en 2010, door een bekend Russisch Christelijke magazine *In Victory* en nieuwe bureau *Christian Telegraph* voor zijn krachtige TV uitzendingen en buitenlandse kerk-en pastorbediening.

Vanaf maart 2016, is de Manmin Central Church een gemeente met meer dan 120,000 leden en 10,000 binnenlandse en buitenlandse aftakkingen van de kerk over de hele wereld, inclusief 56 binnenlandse dochtergemeenten, en heeft meer dan 102 zendelingen uitgezonden naar 23 landen, inclusief de Verenigde Staten, Rusland, Duitsland, Canada, Japan, China, Frankrijk, India, Kenia, en veel meer.

Tot de datum van deze publicatie, heeft Dr. Lee 100 boeken geschreven, inclusief bestsellers als *Het Eeuwige Leven Smaken voor de Dood, Mijn Leven, Mijn Geloof I & II, De Boodschap van Het Kruis, De Mate van Geloof, De Hemel I & II, De Hel,* en *De Kracht van God,* en zijn werken zijn vertaald in meer dan 75 talen.

Zijn christelijke columns verschijnen in *The Hankook Ilbo, The JoongAng Daily, The Dong-A Ilbo, The Chosun Ilbo, The Seoul Shinmun, The Kyunghyang Shinmun, The Korea Economic Daily, The Korea Herald, The Shisa News,* en *The Christian Press.*

Dr. Lee is tegenwoordig oprichter en president van een aantal zendingsorganisaties en verenigingen: evenals voorzitter, De Verenigde Heiligheid Kerk of Jezus Christus; Blijvend President, Van de Wereld Christelijke Opwekkingsvereniging; Oprichter en bestuursvoorzitter, Wereld Christelijke Netwerk (GCN); Oprichter en Bestuursvoorzitter, De Wereld Christen Doktors Netwerk (WCDN); en Oprichter en Bestuursvoorzitter, Manmin Internationale Seminarium (MIS).

## Andere krachtige boeken van dezelfde auteur

### De Hemel I & II

Een gedetailleerde weergave van de prachtige leefomgeving waar de hemelburgers van zullen genieten en een mooie beschrijving van de verschillende niveaus van hemelse koninkrijken.

### De Boodschap van Het Kruis

Een krachtige boodschap voor alle mensen om degene wakker te maken die geestelijk slapen! In dit boek kan je de reden vinden waarom Jezus de enige Redder is en de ware liefde van God.

### De Mate van Geloof

Wat voor soort verblijfplaats, kroon en beloningen zijn er voor u voorbereid in de hemel? Dit boek is voorzien van wijsheid en leiding om uw geloof te meten en te ontwikkelen tot het beste en meest volwassen geloof.

### Mijn Geloof, Mijn Leven I & II

Een zeer welriekende geestelijke geur onttrokken uit het leven dat bloeide met een onmetelijke liefde voor God, te midden van de donkere golven, koud juk en de diepste wanhoop.

### Geest, Ziel en Lichaam I & II

Een gids welke ons geestelijk begrip geeft van geest, ziel en lichaam en ons helpt om te ontdekken wat voor soort "zelf" wij hebben gemaakt, zodat wij de kracht kunnen verkrijgen om de duisternis te vernietigen en een geestelijk persoon kunnen worden.

www.urimbooks.com

www.ingramcontent.com/pod-product-compliance
Lightning Source LLC
LaVergne TN
LVHW011946060526
838201LV00061B/4226